LA
PEAU DE TIGRE

CHEZ LES MÊMES ÉDITEURS

OUVRAGES

DE

THÉOPHILE GAUTIER

Format grand in-18

LOIN DE PARIS................................	1 VOL.
QUAND ON VOYAGE...........................	1 —
LA BELLE-JENNY..............................	1 —
LA PEAU DE TIGRE............................	1 —
CONSTANTINOPLE.............................	1 —
LES GROTESQUES.............................	1 —

POISSY. — TYP. ET STÉR. DE AUG. BOURET.

LA
PEAU DE TIGRE

PAR

THÉOPHILE GAUTIER

PARIS

MICHEL LÉVY FRÈRES, LIBRAIRES ÉDITEURS

RUE VIVIENNE, 2 BIS, ET BOULEVARD DES ITALIENS, 15

A LA LIBRAIRIE NOUVELLE

—

1866

Tous droits réservés

LA PEAU DE TIGRE

DEUX ACTEURS POUR UN ROLE

I

UN RENDEZ-VOUS AU JARDIN IMPÉRIAL

On touchait aux derniers jours de novembre : le Jardin impérial de Vienne était désert, une bise aiguë faisait tourbillonner les feuilles couleur de safran et grillées par les premiers froids; les rosiers des parterres, tourmentés et rompus par le vent, laissaient traîner leurs branchages dans la boue. Cependant la grande allée, grâce au sable qui la recouvre, était sèche et praticable. Quoique dévasté par les approches de l'hiver, le Jardin impérial ne manquait pas d'un certain charme mélancolique. La longue allée prolongeait fort loin ses arcades rousses, laissant deviner confusément à son extrémité un horizon de collines déjà noyées dans les vapeurs bleuâtres et le brouillard du soir; au delà, la vue s'étendait sur le Prater et le Danube : c'était une promenade faite à souhait pour un poëte.

Un jeune homme arpentait cette allée avec des signes visibles d'impatience; son costume, d'une élégance un peu théâtrale, consistait en une redingote de velours noir à brandebourgs d'or bordée de fourrure, un pantalon de tricot gris, des bottes molles à glands montant jusqu'à mi-jambes. Il pouvait avoir de vingt-sept à vingt-huit ans; ses traits pâles et réguliers étaient pleins de finesse, et l'ironie se blottissait dans les plis de ses yeux et les coins de sa bouche; à l'Université, dont il paraissait récemment sorti, car il portait encore la casquette à feuilles de chêne des étudiants, il devait avoir donné beaucoup de fil à retordre aux *philistins* et brillé au premier rang des *burschen* et des *renards*.

Le très-court espace dans lequel il circonscrivait sa promenade montrait qu'il attendait quelqu'un ou plutôt quelqu'une, car le jardin impérial de Vienne, au mois de novembre, n'est guère propice aux rendez-vous d'affaires.

En effet, une jeune fille ne tarda pas à paraître au bout de l'allée : une coiffe de soie noire couvrait ses riches cheveux blonds, dont l'humidité du soir avait légèrement défrisé les longues boucles; son teint, ordinairement d'une blancheur de cire vierge, avait pris sous les morsures du froid des nuances de roses de Bengale. Groupée et pelotonnée comme elle était dans sa mante garnie de martre, elle ressemblait à ravir à la statuette de *la Frileuse;* un barbet noir l'accompagnait, chaperon commode, sur l'indulgence et la discrétion duquel on pouvait compter.

— Figurez-vous, Henrich, dit la jolie Viennoise en prenant le bras du jeune homme, qu'il y a plus d'une heure que je suis habillée et prête à sortir, et ma tante n'en finissait pas avec ses sermons sur les dangers de la valse, et les recettes pour les gâteaux de Noël et les carpes au bleu. Je suis sortie sous le prétexte d'acheter des brodequins gris dont je n'ai nul besoin. C'est pourtant pour vous, Henrich, que je fais tous ces petits mensonges dont je me repens et que je recommence toujours; aussi quelle idée avez-vous eue de vous livrer au théâtre; c'était bien la peine d'étudier si longtemps la théologie à Heidelberg! Mes parents vous aimaient et nous serions mariés aujourd'hui. Au lieu de nous voir à la dérobée sous les arbres chauves du Jardin impérial, nous serions assis côte à côte près d'un beau poêle de Saxe, dans un parloir bien clos, causant de l'avenir de nos enfants : ne serait-ce pas, Henrich, un sort bien heureux?

— Oui, Katy, bien heureux, répondit le jeune homme en pressant sous le satin et les fourrures le bras potelé de la jolie Viennoise; mais, que veux-tu! c'est un ascendant invincible ; le théâtre m'attire; j'en rêve le jour, j'y pense la nuit; je sens le désir de vivre dans la création des poètes, il me semble que j'ai vingt existences. Chaque rôle que je joue me fait une vie nouvelle; toutes ces passions que j'exprime, je les éprouve; je suis Hamlet, Othello, Charles Moor : quand on est tout cela, on ne peut que difficilement se résigner à l'humble condition de pasteur de village.

— C'est fort beau; mais vous savez bien que mes parents ne voudront jamais d'un comédien pour gendre.

— Non, certes, d'un comédien obscur, pauvre artiste ambulant, jouet des directeurs et du public; mais d'un grand comédien couvert de gloire et d'applaudissements, plus payé qu'un ministre, si difficiles qu'ils soient, ils en voudront bien. Quand je viendrai vous demander dans une belle calèche jaune dont le vernis pourra servir de miroir aux voisins étonnés et qu'un grand laquais galonné m'abattra le marchepied, croyez-vous, Katy, qu'ils me refuseront?

— Je ne le crois pas... Mais qui dit, Henrich, que vous en arriverez jamais là?... Vous avez du talent; mais le talent ne suffit pas, il faut encore beaucoup de bonheur. Quand vous serez ce grand comédien dont vous parlez, le plus beau temps de notre jeunesse sera passé, et alors voudrez-vous toujours épouser la vieille Katy, ayant à votre disposition les amours de toutes ces princesses de théâtre si joyeuses et si parées?

— Cet avenir, répondit Henrich, est plus prochain que vous ne croyez; j'ai un engagement avantageux au théâtre de la Porte de Carinthie, et le directeur a été si content de la manière dont je me suis acquitté de mon dernier rôle, qu'il m'a accordé une gratification de deux mille thalers.

— Oui, reprit la jeune fille d'un air sérieux, ce rôle de démon dans la pièce nouvelle; je vous avoue, Henrich, que je n'aime pas voir un chrétien prendre le masque de l'ennemi du genre humain et prononce des paroles blasphématoires. L'autre jour, j'allai vous voir au théâtre de Carinthie, et à chaque instant je craignais qu'un véritable feu d'enfer ne sortît des trappes où vous vous engloutissiez dans un tourbillon d'esprit-de-vin. Je suis revenue chez moi toute troublée et j'ai fait des rêves affreux.

— Chimères que tout cela, ma bonne Katy; et d'ailleurs, c'est demain la dernière représentation, et je ne mettrai plus le costume noir et rouge qui te déplaît tant.

— Tant mieux! car je ne sais quelles vagues inquiétudes me travaillent l'esprit, et j'ai bien peur que ce rôle, profitable à votre gloire, ne le soit pas à votre salut; j'ai peur aussi que vous ne preniez de mauvaises mœurs avec ces damnés comédiens. Je suis sûre que vous ne dites plus vos prières, et la petite croix que je vous avais donnée, je parierais que vous l'avez perdue.

Henrich se justifia en écartant les revers de son habit; la petite croix brillait toujours sur sa poitrine.

Tout en devisant ainsi, les deux amants étaient parvenus à la rue du Thabor dans la Léopoldstadt, devant la boutique du cordonnier renommé pour la perfection de ses brodequins gris; après avoir causé quelques instants sur le seuil, Katy entra suivie de son barbet noir, non sans avoir livré ses jolis doigts effilés au serrement de main d'Henrich.

Henrich tâcha de saisir encore quelques aspects de sa maîtresse, à travers les souliers mignons et les gentils brodequins symétriquement rangés sur les tringles de cuivre de la devanture; mais le brouillard avait étamé les carreaux de sa moite haleine, et il ne put démêler qu'une silhouette confuse; alors, prenant une héroïque résolution, il pirouetta sur ses talons et s'en alla d'un pas délibéré au gastoffe de l'*Aigle à deux têtes*.

II

LE GASTOFFE DE L'AIGLE A DEUX TÊTES

Il y avait ce soir-là compagnie nombreuse au gastoffe de l'*Aigle à deux têtes*; la société était la plus mélangée du monde, et le caprice de Callot et celui de Goya, réunis, n'aurait pu produire un plus bizarre amalgame de types caractéristiques. L'*Aigle à deux têtes* était une de ces bienheureuses caves célébrées par Hoffmann, dont les marches sont si usées, si onctueuses et si glissantes, qu'on ne peut poser le pied sur la première sans se trouver tout de suite au fond, les coudes sur la table, la pipe à la bouche, entre un pot de bière et une mesure de vin nouveau.

A travers l'épais nuage de fumée qui vous prenait d'abord à la gorge et aux yeux, se dessinaient, au bout de quelques minutes, toute sorte de figures étranges.

C'étaient des Valaques avec leur cafetan et leur bonnet de peau d'Astrakan, des Serbes, des Hongrois aux longues moustaches noires, caparaçonnés de dolmans et de passementeries; des Bohêmes au teint cuivré, au front étroit, au profil busqué; d'honnêtes Allemands en redingote à brandebourgs, des Tatars aux yeux retroussés à la chinoise; toutes les populations imaginables. L'Orient y était représenté par un gros Turc accroupi dans un coin, qui fumait paisiblement du latakié dans une pipe à tuyau de cerisier de Moldavie, avec un fourneau de terre rouge et un bout d'ambre jaune.

Tout ce monde, accoudé à des tables, mangeait et buvait : la boisson se composait de bière forte et d'un mélange de vin rouge nouveau avec du vin blanc plus ancien; la nourriture, de tranches de veau froid, de jambon ou de pâtisseries.

Autour des tables tourbillonnait sans repos une de ces longues valses allemandes qui produisent sur les imaginations septentrionales le même effet que le hatchich et l'opium sur les Orientaux; les couples passaient et repassaient avec rapidité; les femmes, presque évanouies de plaisir sur le bras de leur danseur, au bruit d'une valse de Lanner, balayaient de leurs jupes les nuages de fumée de pipe et rafraîchissaient le visage des buveurs. Au comptoir, des improvisateurs morlaques, accompagnés d'un joueur de guzla, récitaient une espèce de complainte dramatique qui paraissait divertir beaucoup une douzaine de figures étranges, coiffées de tarbouchs et vêtues de peau de mouton.

Henrich se dirigea vers le fond de la cave et alla prendre place à une table où étaient déjà assis trois ou quatre personnages de joyeuse mine et de belle humeur.

— Tiens, c'est Henrich! s'écria le plus âgé de la bande; prenez garde à vous, mes amis : *fœnum habet in cornu*. Sais-tu que tu avais vraiment l'air diabolique l'autre soir : tu me faisais presque peur. Et comment s'imaginer qu'Henrich, qui boit de la bière comme nous et ne recule pas devant une tranche de jambon froid, vous prenne des airs si venimeux, si méchants et si sardoniques, et qu'il lui suffise d'un geste pour faire courir le frisson dans toute la salle.

— Eh! pardieu! c'est pour cela qu'Henrich est un grand artiste, un sublime comédien. Il n'y a pas de gloire à représenter un rôle qui serait dans votre caractère ; le triomphe, pour une coquette, est de jouer supérieurement les ingénues.

Henrich s'assit modestement, se fit servir un grand verre de vin mélangé, et la conversation continua sur le même sujet. Ce n'était de toutes parts qu'admiration et compliments.

— Ah! si le grand Wolfgang de Goëthe t'avait vu! disait l'un.

— Montre-nous tes pieds, disait l'autre : je suis sûr que tu as l'ergot fourchu.

Les autres buveurs, attirés par ces exclamations, regardaient sérieusement Henrich, tout heureux d'avoir l'occasion d'examiner de près un homme si remarquable. Les jeunes gens qui avaient autrefois connu Henrich à l'Université, et dont ils savait à peine le nom, s'approchaient de lui en lui serrant la main cordialement, comme s'ils eussent été ses intimes amis. Les plus jolies valseuses lui décochaient en passant le plus tendre regard de leurs yeux bleus et veloutés.

Seul, un homme assis à la table voisine ne paraissait pas prendre part à l'enthousiasme général ; la tête renversée en arrière, il tambourinait distraitement avec ses doigts, sur le fond de son chapeau, une marche militaire, et, de temps en temps, il poussait une espèce de *humph!* singulièrement dubitatif.

L'aspect de cet homme était des plus bizarres, quoiqu'il fût mis comme un honnête bourgeois de Vienne, jouissant d'une fortune raisonnable ; ses yeux gris se nuançaient de teintes vertes et lançaient des lueurs phosphoriques comme celle des chats. Quand ses lèvres pâles et plates se desserraient, elle laissaient voir deux rangées de dents très-blanches, très-aiguës et très-séparées, de l'aspect le plus cannibale et le plus féroce; ses ongles longs, luisants et recourbés, prenaient de vagues apparences de griffes ; mais cette physionomie n'apparaissait que par éclairs rapides ; sous l'œil qui le regardait fixement, sa figure reprenait bien vite l'apparence bourgeoise et débonnaire d'un marchand viennois retiré du commerce, et l'on s'étonnait d'avoir pu soupçonner de scélératesse et de diablerie une face si vulgaire et si triviale.

Intérieurement Henrich était choqué de la nonchalance de cet homme ; ce silence si dédaigneux ôtait de leur valeur aux éloges dont ses bruyants compagnons l'accablaient. Ce silence était celui d'un vieux connaisseur exercé, qui ne se laisse pas prendre aux apparences et qui a vu mieux que cela dans son temps.

Atmayer, le plus jeune de la troupe, le plus chaud enthousiaste d'Henrich, ne put supporter cette mine froide, et, s'adressant à l'homme singulier, comme le prenant à témoin d'une assertion qu'il avançait :

— N'est-ce pas, monsieur, qu'aucun acteur n'a mieux joué le rôle de Méphistophélès que mon camarade que voilà ?

— Humph ! dit l'inconnu en faisant miroiter ses prunelles glauques et craquer ses dents aiguës, M. Henrich est un garçon de talent et que j'estime fort ; mais, pour jouer le rôle du diable, il lui manque encore bien des choses.

Et, se dressant tout à coup :

— Avez-vous jamais vu le diable, monsieur Henrich ?

Il fit cette question d'un ton si bizarre et si moqueur, que tous les assistants se sentirent passer un frisson dans le dos.

— Cela serait pourtant bien nécessaire pour la vérité de votre jeu. L'autre soir, j'étais au théâtre de la Porte de Carinthie, et je n'ai pas été satisfait de votre rire ; c'était un rire d'espiègle, tout au plus. Voici comme il faudrait rire, mon cher petit monsieur Henrich.

Et là-dessus, comme pour lui donner l'exemple, il lâcha un éclat de rire si aigu, si strident, si sardonique,

que l'orchestre et les valses s'arrêtèrent à l'instant même ; les vitres du gastoffe tremblèrent. L'inconnu continua pendant quelques minutes ce rire impitoyable et convulsif qu'Henrich et ses compagnons, malgré leur frayeur, ne pouvaient s'empêcher d'imiter.

Quand Henrich reprit haleine, les voûtes du gastoffe répétaient, comme un écho affaibli, les dernières notes de ce ricanement grêle et terrible, et l'inconnu n'était plus là.

III

LE THÉATRE DE LA PORTE DE CARINTHIE

Quelques jours après cet incident bizarre, qu'il avait presque oublié et dont il ne se souvenait plus que comme de la plaisanterie d'un bourgeois ironique, Henrich jouait son rôle de démon dans la pièce nouvelle.

Sur la première banquette de l'orchestre était assis l'inconnu du gastoffe, et, à chaque mot prononcé par Henrich, il hochait la tête, clignait les yeux, faisait claquer sa langue contre son palais et donnait les signes de la plus vive impatience : « Mauvais ! mauvais ! » murmurait-il à demi-voix.

Ses voisins, étonnés et choqués de ses manières, applaudissaient et disaient :

— Voilà un monsieur bien difficile!

A la fin du premier acte, l'inconnu se leva, comme ayant pris une résolution subite, enjamba les timballes, la grosse caisse et le tamtam, et disparut par la petite porte qui conduit de l'orchestre au théâtre.

Henrich, en attendant le lever du rideau, se promenait dans la coulisse, et, arrivé au bout de sa courte promenade, quelle fut sa terreur de voir, en se retournant, debout au milieu de l'étroit corridor, un personnage mystérieux, vêtu exactement comme lui, et qui le regardait avec des yeux dont la transparence verdâtre avait dans l'obscurité une profondeur inouï; des dents aiguës, blanches, séparées, donnaient quelque chose de féroce à son sourire sardonique.

Henrich ne put méconnaître l'innconnu du gastoffe de l'*Aigle à deux têtes*, ou plutôt le diable en personne; car c'était lui.

— Ah! ah! mon petit monsieur, vous voulez jouer le rôle du diable! Vous avez été bien médiocre dans le premier acte, et vous donneriez vraiment une trop mauvaise opinion de moi aux braves habitants de Vienne. Vous me permettrez de vous remplacer ce soir, et, comme vous me gêneriez, je vais vous envoyer au second dessous.

Henrich venait de reconnaître l'ange des ténèbres et il se sentit perdu ; portant machinalement la main à la petite croix de Katy, qui ne le quittait jamais, il essaya d'appeler au secours et de murmurer sa formule d'exorcisme ; mais la terreur lui serrait trop violemment la gorge : il ne put pousser qu'un faible râle. Le diable appuya ses mains griffues sur les épaules d'Henrich et le fit plonger de force dans le plancher ; puis il entra en scène, sa réplique étant venue, comme un comédien consommé.

Ce jeu incisif, mordant, venimeux et vraiment diabolique, surprit d'abord les auditeurs.

— Comme Henrich est en verve aujourd'hui ! s'écriait-on de toutes parts.

Ce qui produisait surtout un grand effet, c'était ce ricanement aigre comme le grincement d'une scie, ce rire de damné blasphémant les joies du paradis. Jamais acteur n'était arrivé à une telle puissance de sarcasme, à une telle profondeur de scélératesse : on riait et on tremblait. Toute la salle haletait d'émotion, des étincelles phosphoriques jaillissaient sous les doigts du redoutable acteur ; des traînées de flamme étincelaient à ses pieds; les lumières du lustre pâlissaient, la rampe jetait des éclairs rougeâtres et verdâtres; je ne sais quelle odeur sulfureuse régnait dans la salle; les spectateurs étaient comme en délire, et des tonnerres d'applaudissements frénétiques ponctuaient chaque phrase du merveilleux Méphistophélès, qui souvent substituait des vers de son invention à ceux du poëte, substitution toujours heureuse et acceptée avec transport.

Katy, à qui Henrich avait envoyé un coupon de loge, était dans une inquiétude extraordinaire; elle ne reconnaissait pas son cher Henrich; elle pressentait vaguement quelque malheur avec cet esprit de divination que donne l'amour, cette seconde vue de l'âme.

La représentation s'acheva dans des transports inimaginables. Le rideau baissé, le public demanda à grands cris que Méphistophélès reparût. On le chercha vainement; mais un garçon de théâtre vint dire au directeur qu'on avait trouvé dans le second dessous M. Henrich, qui sans doute était tombé par une trappe. Henrich était sans connaissance : on l'emporta chez lui, et, en le déshabillant, l'on vit avec surprise qu'il avait aux épaules de profondes égratignures, comme si un tigre eût essayé de l'étouffer entre ses pattes. La petite croix d'argent de Katy l'avait préservé de la mort, et le diable, vaincu par cette influence, s'était contenté de le précipiter dans les caves du théâtre.

La convalescence d'Henrich fut longue : dès qu'il se porta mieux, le directeur vint lui proposer un engagement des plus avantageux, mais Henrich le refusa ; car il ne se souciait nullement de risquer son salut une seconde fois, et savait, d'ailleurs, qu'il ne pourrait jamais égaler sa redoutable doublure.

Au bout de deux ou trois ans, ayant fait un petit héritage, il épousa la belle Katy, et tous deux, assis côte à côte près d'un poêle de Saxe, dans un parloir bien clos, ils causent de l'avenir de leurs enfants.

Les amateurs de théâtre parlent encore avec admiration de cette merveilleuse soirée, et s'étonnent du caprice d'Henrich, qui a renoncé à la scène après un si grand triomphe.

L'OREILLER D'UNE JEUNE FILLE

CONTE

Ninette était la plus charmante petite fille du monde. Elle surpassait en beauté, en transparence, ces délicieux enfants anglais des peintures de Joshua Reynolds et de sir Thomas Lawrence, dont la chair semble faite avec des roses pétries dans du lait ; si elle n'avait eu un joli tablier noir découpé à dents de loup, on l'eût prise pour un chérubin, mais on sait que les chérubins ne portent pas de tablier noir. Ses beaux yeux limpides, naïvement étonnés, abritaient, sous des franges de cils, un ciel plus azuré que l'autre, car il n'y passait jamais de nuage. Vous dire que sa mère en était folle, c'est chose inutile : une mère trouverait Quasimodo supportable, et Ninette, c'était Esméralda blonde, et qui n'avait pas été élevée chez les truands.

Cette jolie tête renfermait un charmant esprit, esprit de sept ans, bien entendu, et cette douce petite poitrine blanche un bon petit cœur palpitant au récit des belles actions, et s'attendrissant aux malheurs vrais ou imaginaires; car, si Ninette aimait bien les poupées, elle aimait encore plus les histoires, et surtout les contes de fées, qui sont peut-être les seules histoires vraies.

Ce qui la frappait surtout, c'étaient ces beaux contes où l'on voit des fées accourir pour douer une princesse nouvellement née : les unes dans une noix traînée par des scarabées verts, les autres dans un carrosse d'écorce de potiron attelé de rats harnachés en toile d'araignée; celle-ci en aérostat dans une bulle d'eau savonneuse avec une barbe de chardon pour nacelle, celle-là à cheval sur un rayon de clair de lune soigneusement fourbi. Ninette regrettait fort ce temps-là, et se demandait pourquoi les bonnes fées ne s'empressaient plus autour du berceau des petites filles, comme si elle n'eût pas été aussi richement douée que toutes les princesses des contes de Perrault et de madame d'Aulnoy; mais Ninette était modeste, et ne savait pas que les fées n'auraient pas un grand cadeau à lui faire.

Un jour, Ninette, assise à côté de sa maman, sur un coussin de tapisserie brodé par elle-même, feuilletait un livre plein de ses histoires favorites ; bientôt elle poussa un soupir comme une colombe étouffée, et jeta le volume avec un geste d'humeur et d'impatience.

— Oh ! que je voudrais, moi aussi, avoir quelque talisman merveilleux comme le miroir magnifique ou la bague du prince Chéri, qui m'avertisse quand je fais bien ou mal ; de cette façon, je serais toujours gentille, et maman ne me gronderait jamais.

Il y avait ce jour-là, chez la mère de Ninette, une dame jeune encore, mais étrangère, et, quoique parfaitement belle, d'un aspect assez bizarre. Sa figure pâle, d'un ovale un peu long, était éclairée par deux yeux d'une fixité insupportable. D'étroits sourcils d'un noir bleuâtre, qui se rejoignaient presque, donnaient à sa physionomie quelque chose d'inquiétant et qui aurait été dur sans le demi-sourire qui jouait mélancoliquement sur ses lèvres d'un incarnat très-vif. Elle était vêtue d'une robe de satin noir, et portait pour tout ornement un collier et des bracelets de corail. Le contraste de ces deux couleurs éminemment cabalistiques contribuait encore à rendre plus frappant le caractère surnaturel de sa figure. Dans une époque de superstition, on l'eût prise aisément pour une nonne ou pour une walkyrie. Ses mouvements majestueux et lents commandaient le respect, et, en présence de cette beauté calme et triste, les esprits les plus sceptiques recevaient une impression involontaire. Aussi n'est-il pas étonnant que Ninette eût pour la dame étrangère une vénération mêlée de terreur.

— Mais il n'y a plus de fées aujourd'hui, dit Ninette en reprenant son livre.

— Qui vous fait croire cela? dit la dame de sa voix au timbre grave et résonnant des notes givrées, en laissant tomber d'aplomb son regard magnétique sur la petite fille, qui tressaillit malgré elle.

— Il faut bien qu'il n'y en ait plus, puisqu'on n'en voit jamais; et pourtant j'aurais bien désiré en rencontrer une, au risque d'avoir un peu peur! Une bonne fée vêtue d'une robe toute semée d'étoiles, tenant une baguette d'or fin, qui m'aurait accordé le don que je lui aurais demandé.

— Chère enfant, c'est peut-être qu'aujourd'hui les fées se font habiller chez Palmyre, comme de simples femmes du monde; quoique fée, on aime à suivre la mode; les robes constellées, les ceintures cabalistiques, cela était bon autrefois, et la baguette, pour s'être déguisée en manche d'ombrelle, n'en est pas moins puissante.

Pendant qu'elle parlait ainsi, les prunelles de la dame semblaient s'illuminer d'un jour intérieur et lancer des éclairs, sa haute taille se redressait, et Ninette crut voir trembler autour de la mystérieuse amie de sa mère comme une espèce d'auréole.

Des visiteurs qui survinrent firent changer la conversation, et la dame au collier de corail, à la robe de satin noir, reprit un aspect ordinaire; cependant la corde touchée en passant vibrait encore dans l'âme de Ninette; le regard perçant de madame *** l'avait pénétrée; elle ne pouvait s'empêcher de se dire tout bas :

— Si madame *** était une fée !

Quelques jours après, madame *** vint pour voir la mère de Ninette, qui était sortie.

Ninette, seule dans le salon, chiffonnait gaiement pour sa poupée, et lui taillait des jupons dans un vieux mouchoir de batiste que la femme de chambre lui avait abandonné. L'épaisseur du tapis avait étouffé le pas de madame ***, qui se trouva tout près de Ninette sans que cette dernière s'en aperçût, tout occupée qu'elle était de son travail. L'enfant poussa un léger cri lorsque, levant les yeux par hasard, elle vit la dame aux sourcils d'ébène debout devant elle.

— Est-ce que je vous fais peur, petite? demanda la dame en ne se servant que des notes les plus veloutées de sa voix.

— Oh! non, répondit Ninette d'un ton de voix peu rassuré.

— Vous vous figurez peut-être que je suis descendue du plafond, où je me tenais cachée dans le lustre; que je suis sortie des vases du Japon qui ornent la cheminée, ou que je viens de jaillir du plancher dans une flamme de Bengale?

— Je ne crois pas cela; mais j'étais si affairée à ma couture, que je ne vous ai ni vue ni entendue.

— J'ai le pas fort léger, en effet, dit madame *** avec un accent singulier; quand j'étais à Java, dans mon pays natal, il y a des gens qui auraient juré m'avoir vue traverser un torrent sur un fil d'araignée.

A cette assertion étrange, Ninette releva son joli museau, moitié étonné, moitié crédule.

Madame *** vit qu'elle avait fait impression sur Ninette, et lui lança un regard si plein de puissance et de calme, que Ninette, subjuguée, abandonna le poupard bourré de son avec lequel elle s'essayait vainement à la maternité, et se tint à quelque distance, dans une attitude de fascination admirative.

— A Java, dans les forêts où brillent les prunelles jaunes de la panthère noire, où les fleurs ouvrent comme des urnes leurs calices énormes, où l'arbre upa jette son ombre qui donne la mort, où la vase est rayée par le ventre des serpents boas, pétrie par les pieds monstrueux de l'hippopotame; où la chauve-souris vampire fouette de ses ailes velues l'air chargé de miasmes, je me promenais, seule, en chapeau de paille, en robe de mousseline, une baguette à la main.

— Une baguette! vous êtes donc une fée? Je l'avais toujours pensé, s'écria Ninette.

Madame *** ne fit aucun signe d'adhésion; pourtant elle ne dit rien qui pût détromper l'enfant. Ninette, encouragée par son silence, lui demanda avec toute la naïveté de cet âge, où la foi est si facile, au milieu des premiers étonnements de la vie :

— Est-ce que vous pourriez me faire un don pour me rendre meilleure, comme je le vois dans les contes?

— Je le peux, reprit gravement madame ***. Vous trouverez, en vous couchant, ce soir, sur le chevet de votre lit, un oreiller magique. Il répondra à vos questions; mais ne le consultez que pour des choses importantes, et non dans un motif de vaine curiosité. Sans cela, il deviendrait bientôt muet. Si, dans la journée, vous avez fait quelque chose de répréhensible, il n'attendra pas que vous l'interrogiez, il prendra la parole de lui-même; mais ne dites rien de ceci à personne, les fées aiment la discrétion, et qui ne sait pas garder un secret, n'est pas digne de leurs faveurs.

La mère de Ninette rentra, et la conversation en resta là.

Nous vous laissons à penser si la journée parut longue à la pauvre fille; elle comptait les heures, les minutes; ses petits pieds frémissaient d'impatience sur les bâtons de sa chaise; elle répondait à peine à ce qu'on lui disait, ou bien elle répondait tout de travers. Elle crut que le soleil voulait passer la nuit ce jour-là. Enfin, neuf heures sonnèrent, et jamais Ninette n'avait trouvé le timbre plus clair, plus joyeux, plus argentin.

Elle monta dans sa chambre sans se faire prier, et, lorsque sa bonne se fut retirée, elle entr'ouvrit les rideaux de son lit d'une main tremblante d'émotion...

O prodige! bien que personne ne fût entré dans la chambre de Ninette, l'oreiller magique se trouvait là, délicatement posé sur le traversin. Au reste, rien qu'à le voir, on comprenait que ce n'était pas un oreiller ordinaire. Pour le gonfler, l'eider de Norvége avait fourni son duvet le plus soyeux et le plus léger; la Frise, sa toile la plus égale, la plus blanche, pour former la taie, entourée d'une précieuse dentelle de Malines large de deux doigts. Et puis avec cela, si l'on peut dire qu'un oreiller a une physionomie, celui-ci avait un air si candide, si calme, si pur, si bienveillant; il ballonnait si parfaitement, il exhalait une si suave odeur de lessive et de poudre d'iris, qu'il eût donné à l'activité même l'envie d'y reposer sa tête.

Ninette, après avoir fait sa prière, se coucha, et enterra, non sans quelque appréhension, les roses de sa joue dans la neige de l'oreiller. Avec son petit bonnet garni d'une ruche de tulle, elle était, comme on dit, en style de loup, gentille... à croquer. Une ou deux boucles de cheveux blonds s'échappaient de dessous le béguin avec des ondulations et des luisants de soie grége. La chère enfant aurait bien voulu entrer tout de suite en conversation avec son talisman ; mais elle se souvint de la recommandation de madame ***, et elle eut la force de ne rien demander. Au bout de quelques minutes, comme elle allait s'endormir, un murmure presque insaisissable sortit de l'oreiller, et les phrases suivantes furent chuchotées à Ninette, mais si bas, si bas, qu'elle seule, s'il y eût eu d'autres personnes dans la chambre, aurait pu les entendre :

— Chère Ninette, comme vous avez été impatiente tantôt, et nerveuse, et préoccupée! Vous avez dit plus de vingt fois en vous-même : « Je voudrais bien être à ce soir. » Le temps est à celui qui a fait l'éternité; pourquoi vouloir hâter ou retarder sa marche? Chaque heure vient à son tour, même celle qu'on attend. Si Dieu vous avait écoutée toutes les fois que vous avez désiré arriver à cette époque, votre vie eût été raccourcie de moitié : désirer l'avenir, c'est le plus sûr moyen de gâter le présent!

Ce conseil donné, l'oreiller se tut, et Ninette ne tarda pas à s'endormir. Elle fit les plus jolis rêves du monde; il lui semblait être dans un paysage aux gazons de laine, aux arbres en chenille, aux maisons en bois de Spa, peuplé de poupées à ressorts si bien articulées, qu'on aurait cru leurs mouvements naturels; puis le paysage s'envola, et Ninette fut transportée dans le royaume de Nacre de perle, dans un palanquin de fils de la Vierge porté par deux oiseaux-mouches en grande livrée; enfin elle vit, assise sur un trône de diamant, une femme d'une beauté merveilleuse, qui tenait un petit enfant debout sur son genou; l'enfant avait comme des marques dans les mains et une raie rouge au côté. Il regardait Ninette d'un air si amical et si doux, qu'il lui semblait retrouver le frère qu'elle n'avait jamais eu. La divine mère, laissant tomber son regard ineffable sur Ninette, lui dit :

— Si tu es bien sage, tu joueras éternellement dans le jardin du paradis avec mon fils, et tu auras des ménages d'or fin et de cristal de roche, des jeux de toute sorte, si bien peints, si bien vernis, que les enfants de rois n'en ont jamais eu de pareils! Tu pourras les casser tous les jours sans qu'ils cessent d'être tout neufs et tout entiers.

Ces beaux rêves conduisirent agréablement Ninette jusqu'au réveil. Jamais elle ne fit mieux ses devoirs, n'étudia ses leçons avec plus de soin que ce jour-là. Jamais les points de sa couture ne furent plus égaux et plus nets; car le travail des mains, tout humble qu'il est, ne doit point être méprisé par une jeune fille chrétienne, même quand elle est dans une position à n'en pas avoir besoin.

Nous ne rapporterons pas toutes les conversations de Ninette avec son oreiller, cela serait trop long; nous en choisirons seulement quelques-unes.

Un jour, c'était l'hiver, il avait tombé beaucoup de neige pendant la nuit, tout le parc était enfariné : les arbres, emmaillottés d'une peluche blanche, avec leurs rameaux déliés et brillants, faisaient l'effet d'un immense ouvrage en filigrane d'argent. Le froid était vif, et les oiseaux, sautillant sur la neige, y marquaient de petites étoiles avec leurs pieds. Ninette, pour aller à l'église, s'enveloppa de sa palatine à bordure de cygne, mit ses mains dans son manchon, où se trouvaient déjà son livre de messe et son mouchoir, et fit le trajet sans s'apercevoir autrement de la rigueur de la saison que par le baiser un peu âcre de la bise sur sa joue.

A quelque distance de l'église, au coin d'une borne, sur quelques brins de paille qu'il avait ramassés, grelottait un enfant, à peine couvert de misérables haillons, dont les trous laissaient voir la chair nue. Il tenait dans une de ses mains ses pieds rouges de froid, pour tâcher de se réchauffer un peu; il tendait l'autre, en tremblant, aux gens qui passaient.

Quand Ninette fut devant lui, il répéta sa prière d'un ton lamentable :

— Ma chère demoiselle, la charité, s'il vous plaît!

Ninette eut d'abord envie de s'arrêter; mais il fallait

retirer ses mains de son manchon, et, d'ailleurs, elle voulait arriver des premières à l'église; elle répondit donc : « Je n'ai pas de monnaie, » et passa.

L'impression de pitié que lui avait causée la misère de l'enfant fut bientôt dissipée. L'objet n'était plus devant ses yeux, et c'est à cet âge-là surtout que le proverbe italien *lontano degli occhi, lontano del cuore*, est plein de vérité. Le spectacle du monde est si nouveau, si merveilleux pour une imagination de sept ans!

Le soir, Ninette se coucha, vaguement mécontente d'elle-même, bien qu'elle eût oublié la scène du matin; elle eut de la peine à s'endormir, et se retourna vingt fois sur l'oreiller sans pouvoir en venir à bout. L'oreiller, ainsi tourmenté, prit la parole :

— Ninette, ce que vous avez fait ce matin est mal. Vous avez manqué de charité et vous avez dit un mensonge; vous saviez bien, lorsque vous avez répondu : « Je n'ai pas de monnaie, » que, dans le coin de votre mouchoir, du côté de la marque, étaient nouées quatre pièces de cinq sous toutes neuves et toutes brillantes. Une seule de ces pièces eût peut-être sauvé la vie de ce pauvre enfant, qui n'a plus de père, hélas! et plus de mère. Vous aviez peur de manquer le commencement de la messe? Mais croyez-vous que le bon Dieu vous en aurait voulu? Qui travaille, prie; qui fait l'aumône, prie pour lui-même et pour la personne qu'il aime le mieux. D'ailleurs, ce n'était pas pour être exacte à vos devoirs religieux que vous marchiez si vite, c'était pour être placée au premier rang, afin qu'on vît la palatine de satin bordée de cygne que votre bonne mère vous a donnée.

L'oreiller disait vrai, car la Javanaise aux sourcils d'ébène lui avait donné le pouvoir de lire couramment au fond des âmes. Ninette, confuse et repentante, s'endormit l'esprit troublé, le cœur gros, d'un sommeil agité et pénible comme celui des mauvaises consciences.

Elle fit des rêves affreux, lugubres. Il lui semblait voir le petit mendiant sur ses quatre brins de paille; le ciel était tout noir et la neige descendait à flocons pressés; la couche épaississait toujours sur le malheureux, qui finit par être presque entièrement recouvert. Ninette essayait de dégager le pauvre enfant; elle jetait avec ses mains la neige à droite et à gauche, sans pouvoir y réussir; elle-même commençait à s'enfoncer, et le lit glacial lui montait déjà jusqu'aux genoux. Enfin il passa une dame vêtue d'une tunique rose et d'un manteau bleu, qui releva l'enfant et plaça Ninette sur un terrain plus ferme. Le mendiant, secouant la neige attachée comme un duvet aux inégalités de ses haillons, parut tout rayonnant et tout illuminé; des marques rouges étincelaient dans ses mains comme des flammes; il jeta sur Ninette un regard plein de reproche et de tristesse, et lui dit :

— Tu ne veux donc pas venir jouer avec moi sur la prairie céleste, et courir dans l'éternité après les papillons qui ont des yeux de diamant sur les ailes?

Le mendiant, à qui Ninette avait refusé sa pièce de cinq sous neuve, n'était autre que l'Enfant Jésus, qui avait voulu l'éprouver.

Cette leçon lui suffit, et jamais Ninette ne répondit à un pauvre : « Je n'ai pas de monnaie. » Eût-il neigé comme sur le mont Blanc, et plu comme le jour du déluge, elle se fût arrêtée pour chercher au fond de ses poches le sou demandé.

Aussi madame *** lui parlait-elle avec sa voix la plus caressante et lui réservait-elle son plus charmant sourire.

Une autre fois, l'oreiller donna une leçon profitable à Ninette. Le jour des prix approchait; Ninette travaillait son piano avec tout le zèle imaginable; elle recommençait vingt fois la même sonate jusqu'à ce qu'elle eût réussi à son gré; elle se martyrisait les doigts comme si elle eût voulu s'essayer aux tours de force de Liszt ou de Dreyschock; sa mère, sa maîtresse, tout le monde était enchanté d'elle : l'oreiller ne fut pas de cet avis.

— Sans doute, lui dit-il un soir à l'oreille, l'émulation est une belle chose, et la musique est un art divin; mais est-ce bien l'amour du piano et le désir de bien remplir vos devoirs qui vous fait travailler depuis deux mois avec tant d'acharnement? N'est-ce pas plutôt l'envie de faire de la peine à votre amie Lucy, qui, selon toute apparence, doit avoir le prix, et semble y compter? En outre, je vous avertis d'une chose : vous ne jouez qu'avec vos doigts et votre volonté; Lucy joue avec son âme, et, fussiez-vous cent fois plus habile, elle l'emportera sur vous. Ce qui vient du cœur y retourne.

Lucy partagea le prix avec Ninette.

Grâce à son conseiller de plumes et de toile de Hollande, Ninette devint la plus charmante jeune personne que puisse souhaiter l'amour d'une mère; elle fit une première communion exemplaire, et le corps de Dieu fut la nourriture d'un ange.

Quand elle fut tout à fait une jeune fille en âge d'être mariée, l'oreiller lui donna encore de bons conseils, qu'elle eut la sagesse de suivre.

Deux jeunes gens venaient dans la maison de sa mère: tous deux honorables sans doute, puisqu'ils y venaient, mais de caractères bien différents.

L'un spirituel, brillant, mais un peu vain, un peu superficiel, et peut-être plus occupé de sa toilette qu'il ne convient; l'autre, plus modeste, s'effaçant le plus possible, mais plein de talent et d'une instruction solide.

Ninette préféra d'abord le premier; cela est tout naturel, l'habit se voit avant le cœur, le gant avant la main; mais une conversation qu'elle eut avec son oreiller lui fit changer de sentiment.

— Alfred est honnête sans doute; mais, pendant qu'il court les bals, Eugène, à la lueur de la lampe, veille, étudie, médite, et se couche le matin l'esprit et le cœur pleins de bonnes pensées, tandis que l'autre rentre le corps harassé, l'âme vide ou occupée de fantaisies frivoles. Le patrimoine de l'un ne peut que diminuer, celui de l'autre augmentera toujours, et même, fût-il pauvre, il sera considéré; car des mœurs pures, un travail opiniâtre joint à un heureux génie naturel, ne peuvent manquer de rendre un nom célèbre. Eugène n'aimera que vous au monde, et ses livres. Il n'a pas encore osé parler, mais je lis dans son cœur comme dans le vôtre.

Eugène était, en effet, celui que la mère de Ninette avait choisi pour mari à sa fille.

Le soir du mariage, la dame javanaise entra dans la chambre nuptiale, et, voyant le petit oreiller blanc encore à sa place, elle dit en souriant à Ninette :

— Vous m'avez crue plus sorcière que je ne l'étais, ma chère enfant; l'oreiller que je vous ai donné est comme tous les autres oreillers, un sac de toile bourré de plumes; il n'a jamais dit un mot. Vous avez pris sa voix pour la voix de votre conscience, qui se faisait entendre dans le recueillement de la nuit; votre imagination, frappée, aidait à l'illusion. Vous avez cru entendre ce que vous disiez vous-même : cela ne vaut-il pas la bague du prince Chéri et tous les talismans possibles? Maintenant, votre raison est formée, vous avez un mari qui répondra à toutes vos questions, qui éclairera tous vos doutes. Vous n'avez plus besoin de l'oreiller, mettez-le de côté, et gardez-le pour votre première fille.

LE BERGER

DEUX AUTEURS POUR UN ROLE

N'ayez pas peur. — Nous n'avons aucune envie de faire un pastiche d'Honoré d'Urfé, et nous ne vous mènerons pas sur les rives du Lignon, nous n'évoquerons pas les ombres pastorales d'Estelle et de Némorin. Le chevalier de Florian, quoique plus nouveau, est tout aussi passé de mode que l'auteur de *l'Astrée*.

Aujourd'hui, dans le temps prosaïque où nous vivons, même sans être sorti de Paris, on peut, d'après les tableaux de Brascassat et de Delaberge, se faire une idée assez juste des moutons et des bergers. Les moutons ne sont pas poudrés à blanc et ne portent généralement pas de faveurs roses au cou; ce sont des animaux fort stupides, recouverts d'une laine sale, imprégnée d'un suaint d'une odeur désagréable; leur principale poésie consiste en côtelettes et en gigots. Les bergers sont des drôles peu frisés, hâves, déguenillés, marchant d'un air nonchalant, un morceau de pain bis à la main, un maigre chien à museau de loup sur les talons. Les bergères sont d'affreux laiderons qui n'ont pas la moindre jupe gorge-de-pigeon, pas le moindre corset à échelle de rubans, et dont le teint n'est pas pétri de roses et de lis. — Il a fallu plus de six mille ans au genre humain pour s'apercevoir de cela, et ne plus ajouter foi entière aux dessus de porte, aux éventails et aux paravents.

Donc, puisque voilà nos lecteurs rassurés contre toute tentative d'idylle de notre part, commençons notre récit; il est fort simple, il sera court. Nous espérons qu'on nous saura gré de cette qualité.

I

Vers le milieu de l'été de 18..., un petit pâtre de quinze ou seize ans, mais si chétif, qu'il ne paraissait pas en avoir douze, poussait devant lui, de cet air méditatif et mélancolique particulier aux gens qui passent une partie de leur existence dans la solitude, une ou deux douzaines de moutons, qui se seraient, à coup sûr, dispersés sans l'active vigilance d'un grand chien noir à oreilles droites, qui ralliait au groupe principal les retardataires ou les capricieux par quelque léger coup de dent appliqué à propos.

Les romans n'avaient pas tourné la tête à Petit-Pierre; — c'est ainsi qu'il se nommait, et non Lycidas ou Tircis; — il ne savait pas lire. Cependant il était rêveur; il restait de longues journées appuyé le dos contre un arbre, les yeux errant à l'horizon dans une espèce de contemplation extatique. A quoi pensait-il? il l'ignorait lui-même. Chose bien rare chez un paysan, il regardait le lever et le coucher du soleil, les jeux de la lumière dans le feuillage, les différentes nuances des lointains, sans se rendre compte du pourquoi. Même il jugeait comme une faiblesse d'esprit, presque comme une infirmité, cet empire exercé sur lui par les eaux, les bois, le ciel, et il se disait :

— Cela n'a pourtant rien de bien curieux; les arbres ne sont pas rares, ni la terre non plus. Qu'ai-je donc à m'arrêter une heure entière devant un chêne, devant une colline, oubliant le boire et le manger, oubliant tout? Sans Fidèle, j'aurais déjà perdu plus d'une bête, et le maître m'aurait chassé. Pourquoi ne suis-je donc pas comme les autres, grand, fort, riant toujours, chantant à tue-tête, au lieu de passer ma vie à regarder pousser l'herbe que broutent mes moutons?

Petit-Pierre se plaignait tout bonnement de n'être pas stupide, et avait-il tort?

Sans doute vous avez déjà pensé que Petit-Pierre était amoureux : il le sera peut-être, mais il ne l'est pas.

Les amours des champs ne sont pas si précoces, et notre berger ne s'était pas encore aperçu qu'il y eût deux sexes.

Il est vrai qu'en certains cantons peu favorisés, l'on pourrait s'y tromper; c'est le même hâle, la même carrure, les mêmes mains rouges, la même voix rauque : la nature n'a créé que la femelle, la civilisation a créé la femme.

Arrivé sur le revers d'une pente couverte d'un gazon fin et luisant, et semée de quelque beaux bouquets d'arbres s'agrafant au terrain par des racines noueuses d'un caractère singulier et pittoresque, il s'arrêta, s'assit sur un quartier de roche, et, le menton appuyé sur un baton recourbé comme ceux des pasteurs d'Arcadie, il s'abandonna à la pente habituelle de ses rêves. Le chien, jugeant avec sagacité que les moutons ne s'éloigneraient pas d'un endroit où l'herbe était si drue et si tendre, se coucha aux pieds de son maître, la tête allongée sur ses pattes et les yeux plongés dans son regard, avec cette attention passionnée qui fait du chien un être presque humain. Les moutons s'étaient groupés çà et là dans un désordre heureux. Un rayon de lumière glissait sur les feuilles et faisait briller dans l'herbe quelques gouttes de rosée, diamants tombés de l'écrin de l'Aurore, et que le soleil n'avait pas encore ramassés. C'était un tableau tout fait, signé Dieu, un assez bon peintre dont le jury du Louvre refuserait peut-être les toiles.

C'est la réflexion que fit une jeune femme qui entrait en ce moment par l'autre extrémité du vallon :

— Quel joli site à dessiner ! dit-elle en prenant un album des mains de la femme de chambre qui l'accompagnait.

Elle s'assit sur une pierre moussue, au risque de verdir sa fraîche robe blanche, dont elle paraissait s'inquiéter fort peu, ouvrit le livre aux feuillets de vélin, le posa sur ses genoux et commença à tracer l'esquisse d'une main hardie et légère. Ses traits fins et purs étaient dorés par l'ombre transparente de son grand chapeau de paille, comme dans cette délicate ébauche de jeune femme par Rubens que l'on voit au Musée ; ses cheveux, d'un blond riche, formaient un gros chignon de nattes sur son cou plus blanc que le lait et moucheté, comme par coquetterie, de trois ou quatre petites taches de rousseur. Elle était d'une beauté charmante et rare.

Petit-Pierre, absorbé par une découpure de feuilles de châtaignier, ne s'était pas d'abord aperçu de l'arrivée d'un nouvel acteur sur la tranquille scène de la vallée. Fidèle avait bien levé le nez ; mais, ne voyant là aucun sujet d'inquiétude, il avait repris son attitude de sphinx mélancolique. L'aspect de cette forme svelte et blanche troubla singulièrement le jeune berger ; il sentit une espèce de serrement de cœur inexprimable, et, comme pour se soustraire à cette émotion, il siffla son chien et se mit en devoir de se retirer.

Mais ce n'était pas là le compte de la jeune femme, qui était précisément en train de croquer le petit pâtre et son troupeau, accessoire indispensable du paysage ; elle jeta de côté album et crayon, et, avec deux ou trois bonds de biche poursuivie, elle eut bientôt rattrapé Petit-Pierre, qu'elle ramena d'autorité au quartier de roche sur lequel il était assis auparavant.

— Toi, lui dit-elle gaiement, tu vas rester là jusqu'à ce que je te prie de t'en aller; le bras un peu plus avancé, la tête plus à gauche.

Et, tout en parlant, de sa main frêle et blanche, elle poussait la joue hâlée de Petit-Pierre pour la remettre dans la pose.

— Mais c'est qu'il a de beaux yeux, Lucy, pour des yeux de paysan, dit-elle en riant à sa femme de chambre.

Son modèle remis en attitude, la folle jeune femme recourut à sa place et reprit son dessin, qu'elle eut bientôt achevé.

— Tu peux te lever et partir, si tu veux, maintenant; mais il est bien juste que je te dédommage de l'ennui que je t'ai causé en te faisant rester là comme un saint de bois. Viens ici.

Le pâtre arriva lentement, tout honteux, le dos humide et les tempes mouillées; la jeune femme lui glissa vivement une pièce d'or dans la main.

— Ce sera pour t'acheter une veste neuve quand tu iras à la danse le dimanche.

Le pâtre qui avait jeté un regard furtif sur l'album

entr'ouvert, restait comme frappé de stupeur sans songer à refermer sa main, où rayonnait la belle pièce de vingt francs toute neuve : des écailles venaient de lui tomber des yeux, une révélation subite s'était opérée en lui. Il disait d'une voix entrecoupée, en suivant les différentes portions du dessin :

— Les arbres, la pierre, le chien, moi, tout y est, les moutons aussi, dans la feuille de papier!

La jeune femme s'amusait de cette admiration et de cet étonnement naïfs; elle lui fit voir différents sites crayonnés, des lacs, des châteaux, des rochers; puis, comme la nuit venait, elle reprit avec sa femme de compagnie le chemin de la maison de campagne.

Petit-Pierre la suivit des yeux bien longtemps encore après que le dernier pli de sa robe eut disparu derrière le coteau, et Fidèle avait beau lui pousser la main de son nez humide et grenu comme une truffe mouillée, il ne pouvait parvenir à le tirer de sa méditation. L'humble berger commençait à comprendre confusément à quoi servait de contempler les arbres, les plis du terrain et les formes des nuages. Ces inquiétudes, ces élans qu'il ressentait vis-à-vis d'une belle campagne avaient donc un but; il n'était donc ni imbécile ni fou!

Il avait bien vu collées au lourd manteau des cheminées, dans les fermes, des images comme le portrait d'Isaac Laquedem, de Geneviève de Brabant, de la Mère de Douleurs, avec ses sept glaives enfoncés dans la poitrine; mais ces grossières gravures sur bois placardées de jaune, de rouge et de bleu, dignes des sauvages de la Nouvelle-Zélande et des Papous de la mer du Sud, ne pouvaient éveiller aucune idée d'art dans sa tête. Les dessins de l'album de la jeune femme, avec leur netteté de crayon et leur exactitude de formes, furent une chose tout à fait nouvelle pour Petit-Piere.

Le tableau de l'église paroissiale était si noir et si enfumé, qu'on n'y distinguait plus rien, et, d'ailleurs, il avait à peine osé y jeter les yeux, du porche où il se tenait agenouillé.

Le soir vint. Petit-Pierre enferma ses moutons dans le parc et s'assit sur le seuil de la cabane à roulettes, qui lui servait de maison l'été. Le ciel était d'un bleu foncé. Les sept étoiles du Chariot luisaient comme des clous d'or au plafond du ciel; Cassiopée, Bootès scintillaient vivement. Le jeune berger, les doigts noyés dans les poils de son chien, accroupi auprès de lui, se sentait ému par ce magnifique spectacle qu'il était seul à regarder, par cette fête splendide que le ciel, dans son insouciante magnificence, donne à la terre endormie.

Il songeait aussi à la jeune femme, et en pensant à cette main frêle et satinée qui avait effleuré sa joue hâlée et rude, il sentait un frisson lui courir dans les cheveux. Il eut bien de la peine à s'endormir, et il se roulait dans la paille, comme un tronçon de reptile, sans pouvoir fermer les paupières; enfin, le sommeil vint quoiqu'il se fût fait prier un peu longtemps.

Petit-Pierre fit un rêve.

II

Il lui semblait qu'il était assis sur un quartier de roche avec une belle campagne devant lui. Le soleil se levait à peine, l'aubépine frissonnait sous sa neige de fleurs, les herbes des prairies étaient couvertes d'une sueur perlée, la colline paraissait avoir revêtu une robe d'azur glacée d'argent.

Au bout de quelques instants, Petit-Pierre vit venir

à lui la belle dame de la vallée. Elle s'approcha de lui en souriant, et lui dit :

— Il ne s'agit pas de regarder, il faut faire.

Ayant prononcé ces paroles, elle plaça sur les genoux du pâtre étonné un carton, une belle feuille de vélin, un crayon taillé, et se tint debout près de lui. Il commença à tracer quelques linéaments; mais sa main tremblait comme la feuille, et les lignes se confondaient les unes dans les autres.

Le désir de bien faire, l'émotion et la honte de réussir si mal lui faisaient couler des gouttes d'eau sur les tempes. Il aurait donné dix ans de sa vie pour ne pas se montrer si gauche devant une si belle personne; ses nerfs se contractaient, et les contours qu'il essayait de tracer dégénéraient en zigzags irréguliers et ridicules; son angoisse était telle, qu'il manqua de se réveiller; mais la dame, voyant sa peine, lui mit à la main un porte-crayon d'or dont a pointe étincelait comme une flamme.

Aussitôt Petit-Pierre n'éprouva plus aucune difficulté : les formes s'arrangeaient d'elles-mêmes et se groupaient toutes seules sur le papier; le tronc des arbres s'élançait d'un jet hardi et franc, les feuilles se détachaient, les plantes se dessinaient avec leur feuillage, leur port et tous leurs détails. La dame, penchée sur l'épaule de Petit-Pierre, suivait les progrès de l'ouvrage d'un air satisfait, en disant de temps à autre :

— Bien, très-bien, c'est comme cela; continue !

Une boucle de ses cheveux, dont la spirale alanguie flottait au vent, effleura même la figure du jeune pâtre, et de ce choc jaillirent des milliers d'étincelles, comme d'une machine électrique; un des atomes de feu lui tomba sur le cœur, et son cœur brûlait dans sa poitrine, lumineux comme une escarboucle. La dame s'en aperçut, et lui dit :

— Vous avez l'étincelle; adieu !

III

Ce songe produisit un effet étrange sur Petit-Pierre. En effet, son cœur était en flamme, et aussi sa tête : à dater de ce jour, il était sorti du chaos de la multitude : entre sa naissance et sa mort, il devait y avoir quelque chose.

Il prit un charbon à un feu éteint de la veille, et voulut commencer tout de suite ses études pittoresques; les planches extérieures de sa cabane lui servaient de papier et de toile.

Par où commença-t-il? Par le portrait de son meilleur, ou pour mieux dire, de son seul ami, de Fidèle; car il était orphelin et n'avait que son chien pour famille. Les premiers traits qu'il esquissa ressemblaient autant, il faut l'avouer, à un hippopotame qu'à un chien; mais, à force d'effacer et de refaire, car Fidèle était le plus patient modèle du monde, il parvint à passer de l'hippopotame au crocodile, puis au cochon de lait, et enfin à une figure dans laquelle il aurait fallu de la mauvaise volonté pour ne pas reconnaître un individu appartenant à l'espèce canine.

Dire la satisfaction que ressentit Petit-Pierre, son dessin achevé, serait une chose difficile, Michel-Ange, lorsqu'il donna le dernier coup de pinceau à la chapelle Sixtine, et se recula les bras croisés sur sa poitrine pour contempler son œuvre immortelle, n'éprouva pas une joie plus intime et plus profonde.

— Si la belle dame pouvait voir le portrait de Fidèle! se disait en lui même le petit artiste.

Il faut lui rendre cette justice que cet enivrement

dura peu. Il comprit vite combien ce croquis était informe, et différent du véritable Fidèle; il l'effaça, et, cette fois, essaya de faire un mouton ; il y réussit un peu moins mal, il avait déjà de l'expérience : cependant le charbon s'écrasait sous ses doigts, la planche mal rabotée trahissait ses efforts.

— Si j'avais du papier et un crayon, je réussirais mieux; mais comment pourrai-je m'en procurer?

Petit-Pierre oubliait qu'il fût un capitaliste.

Il s'en souvint pourtant ; et, un jour, confiant son troupeau à un camarade, il s'en alla résolûment à la ville et entra chez un marchand, lui demandant ce qu'il fallait pour dessiner. Le marchand étonné lui donna du papier et des crayons de plusieurs sortes. Petit-Pierre, tout heureux d'avoir accompli cette tâche héroïque et difficile d'acheter tant d'objets étranges, s'en retourna à ses moutons, et, sans les négliger, consacra au dessin tout le temps que les bergers ordinaires mettent à jouer du pipeau, à sculpter des bâtons et à faire des piéges pour les oiseaux et pour les fouines.

Sans trop se rendre compte du motif qui guidait ses pas, il conduisait souvent son troupeau à l'endroit où il avait posé pour la jeune femme, mais il fut plusieurs jours sans la revoir.

Est-ce que Petit-Pierre était amoureux d'elle ? Non, dans le sens qu'on attache à ce mot. Un tel amour était par trop impossible, et il faut même au cœur le plus humble et le plus timide une lueur d'espérance. Tout simple et tout rustique qu'il était, Petit-Pierre sentait qu'il y avait des abimes entre lui, pauvre pâtre en haillons, ignorant, inculte, et une femme jeune, belle et riche. A moins d'être fou, est-ce bien sérieusement qu'on aime une reine? Est-on bien malheureux, à moins d'être poëte, de ne pas pouvoir embrasser les étoiles? Petit-Pierre ne pensait pas à tout cela. La dame, c'est ainsi qu'il se la désignait à lui-même, lui apparaissait blanche et radieuse, un crayon d'or à la main; et il l'adorait avec cette simple dévotion tendre et fervente des catholiques du moyen âge pour la sainte Vierge; bien qu'il ne s'en rendit pas compte, c'était pour lui la Béatrix, la muse!

IV

Un jour, il entendit sonner sur les cailloux le galop d'un cheval; Fidèle jeta un long aboiement, et, au bout de quelques minutes, il vit la dame emportée par le coursier fougueux qu'elle cinglait de coups de cravache pour le remettre dans son chemin; mais l'animal indocile, poussé sans doute par quelque frayeur, n'écoutait ni le mors, ni l'éperon, ni la bride, et, par un soubresaut violent, avant que Petit-Pierre, qui s'élançait de rocher en rocher du haut de la colline, eût eu le temps d'arriver, il se débarrassa de son écuyère, dont la tête porta violemment sur le sol. La force du coup la fit évanouir, et Petit-Pierre, plus pâle qu'elle encore, alla ramasser dans le creux d'une ornière où la pluie s'était amassée, à la grande frayeur d'une petite grenouille verte qui avait établi là sa salle de bains, quelques gouttes d'eau claire qu'il jeta sur le visage décoloré de la dame. A sa grande terreur, il aperçut des filets rouges se mêler aux réseaux bleus de ses tempes; elle était blessée.

Petit-Pierre tira de sa poche un pauvre mouchoir à carreaux, et se mit à étancher le sang qui se faisait jour à travers les boucles de cheveux, aussi pieusement et avec autant de respect que les saintes femmes qui essuyaient les pieds du Christ. Une fois, elle reprit connaissance, ouvrit les yeux, et jeta sur Petit-Pierre un vague regard de reconnaissance qui lui pénétra jusqu'à l'âme.

Un bruit de pas se fit entendre, le reste de la cavalcade était à la recherche de la dame : on la releva, on la mit dans la calèche, et tout disparut.

Le berger serra précieusement dans son sein le tissu imprégné de ce sang si pur, et, le soir, courut à la villa demander des nouvelles de la dame. La blessure n'était pas dangereuse. Cette bonne nouvelle calma un peu Petit-Pierre, à qui tout semblait perdu depuis qu'il avait vu emporter la jeune femme inanimée et blanche comme une morte.

La saison était avancée : les habitants du château retournèrent à Paris, et Petit-Pierre, bien qu'il n'entrevît que de loin en loin et comme à la dérobée le chapeau de paille et la robe blanche, se sentit immensément seul; quand il était par trop triste, il tirait le mouchoir avec lequel il avait étanché la blessure de la dame, et baisait la tache de sang qui couvrait un des carreaux : c'était sa consolation. Il dessinait à force, et avait presque épuisé sa provision de papier; ses progrès avaient été rapides, car il n'avait pas de maître : nul système ne s'interposait entre lui et la nature, il faisait ce qu'il voyait.

Ses dessins étaient cependant encore bien rudes, bien barbares, quoique pleins de naïveté et de sentiment; il travaillait dans la solitude sous le regard de Dieu, sans conseil, sans guide, n'ayant que son cœur et sa mélancolie.

Quelquefois, la nuit, en rêve, il revoyait la belle dame, et, le porte-crayon d'or à la pointe étincelante entre ses mains, traçait des dessins merveilleux; mais, le matin, tout s'évanouissait, le crayon devenait rebelle, les formes fuyaient, quoique Petit-Pierre usât presque toute la mie de son pain à effacer les traits manqués.

Cependant, un jour, il avait crayonné une vieille chaumine toute moussue, dont la cheminée dardait une spirale de fumée bleuâtre entre les cimes des noyers presque entièrement dépouillés de leurs feuilles; un bûcheron, sa tâche accomplie, se tenait debout sur le seuil, bourrant sa pipe, et, dans le fond de la chambre, entrevu par la porte ouverte, on apercevait vaguement une femme qui poussait du pied une bercelonnette tout en filant son rouet. C'était le chef-d'œuvre de Petit-Pierre. Il était presque content de lui.

Tout à coup il aperçut une ombre sur son papier, l'ombre d'un tricorne qui ne pouvait appartenir qu'à M. le curé. En effet, c'était lui; il observait en silence Petit-Pierre, qui rougit jusqu'à l'ourlet des oreilles d'être ainsi surpris en dessin flagrant. Le vénérable ecclésiastique, bien qu'il ne fût pas un de ces prêtres guillerets vantés par Béranger, était cependant un bon, honnête et savant homme. Jeune, il avait vécu dans les villes; il ne manquait pas de goût et possédait quelque teinture des beaux-arts. L'ouvrage de Petit-Pierre lui parut donc ce qu'il était, fort remarquable déjà, et promettant le plus bel avenir. Le bon prêtre fut touché en lui-même de cette vocation solitaire, de ce génie inconnu qui répandait ses parfums devant Dieu, reproduisant avec amour, dévotion et conscience, quelques fragments de l'œuvre infinie de l'éternel Créateur.

— Mon petit ami, quoique la modestie soit un sentiment louable, il ne faut pas rougir comme cela. C'est peut-être un mouvement d'orgueil secret.

« Lorsqu'on a fait quelque chose dans la sincérité de son cœur, et avec tout l'effort dont on est capable, on ne doit pas craindre de le montrer. Il n'y a pas de mal à dessiner, surtout lorsqu'on ne néglige pas les autres devoirs. Le temps que vous passez à crayonner, vous le perdriez à ne rien faire, et l'oisiveté est mauvaise dans la solitude.

» Il y a là dedans, mon cher enfant, un certain mérite : ces arbres sont vrais, ces herbes ont chacune les feuilles qui leur conviennent.

» Vous avez, on le sent, longtemps contemplé les œuvres du grand Maître pour lequel vous devez vous sentir pénétré d'une admiration bien vive; car, s'il est déjà si difficile de faire une copie imparfaite et grossière, qu'est-ce donc quand il faut créer et tirer tout de rien!

C'est ainsi que le bon curé encourageait Petit-Pierre; il eut la première confidence de ce talent qui devait aller si haut et si loin.

— Travaillez, mon enfant, lui disait-il, vous serez peut-être un autre Giotto. Giotto était, comme vous, un pauvre gardeur de chèvres, et il finit par acquérir tant de talent, qu'un de ses tableaux, représentant la sainte Mère du divin Sauveur, fut promené processionnellement dans les rues de Florence par le peuple enthousiasmé.

Le curé, durant les longues soirées d'hiver qui laissaient beaucoup de loisir à Petit-Pierre, que ne réclamaient plus ses moutons chaudement entassés dans l'étable, lui apprit à lire et aussi à écrire, lui donnant ainsi les deux clefs du savoir. Petit-Pierre fit des progrès rapides, car c'était autant son cœur que son esprit qui désirait apprendre. Le digne prêtre, tout en se reprochant un peu de donner à son élève une instruction au-dessus de l'humble rang qu'il occupait, se plaisait à voir s'épanouir les uns après les autres les calices de cette jeune âme. Pour ce jardinier attentif, c'était un spectacle des plus intéressants que cette floraison intérieure dont lui seul avait le secret.

Les glaces fondirent, les perce-neiges et les primevères commencèrent à pointer timidement, et Petit-Pierre reprit la conduite de son troupeau. Ce n'était plus l'enfant chétif que nous avons vu au commencement de ce récit; il avait grandi et pris de la force.

La nature avait fait un appel à ses ressources pour subvenir aux dépenses des facultés nouvelles. Sous le développement de son cerveau, ses tempes s'étaient élargies. Son œil, désormais arrêté sur un but, avait le regard net et ferme. Comme dans toute tête habitée par une pensée, on voyait briller sur sa figure le reflet d'une flamme intérieure. Non qu'il fût dévoré par les ardeurs maladives d'une ambition précoce; mais le vin de la science, quoique versé par le bon prêtre avec une prudente discrétion, causait à cette âme neuve une espèce d'enivrement qui eût pu tourner l'orgueil. Heureusement, Petit-Pierre n'avait pas de public. Ni les arbres ni les rochers ne sont flatteurs.

L'immensité de la nature, avec laquelle il était toujours en relation, le ramenait bien vite au sentiment de sa petitesse. Abondamment fourni, par le curé, de papier, de crayons, il fit un grand nombre d'études, et quelquefois, tout éveillé, il lui semblait avoir à la main le porte-crayon d'or à la pointe de feu, et la dame, penchée sur son épaule, lui disait :

— C'est bien, mon ami. Vous n'avez pas laissé éteindre l'étincelle que j'avais mise dans votre cœur. Persévérez, et vous aurez votre récompense.

Petit-Pierre, ayant acquis un fin sentiment de la forme, comprenait à quel point la dame était belle, et, à cette pensée, sa poitrine se gonflait.

Il regardait le mouchoir à carreaux où la tache,

quoique brunie, se distinguait toujours, et il disait avec émotion :

— Heureux sang qui as coulé dans ses veines, qui es monté de son cœur à sa tête !

Avec la même sincérité qui nous a fait avouer là-haut que Petit-Pierre n'était pas encore amoureux, nous devons convenir qu'il l'est à présent, et de toutes les forces de son âme. L'image adorée ne le quitte plus. Il la voit dans les arbres, dans les nuages, dans l'écume des cascades. Aussi a-t-il fait d'immenses progrès. Il y a maintenant dans ses dessins un élément qui y manquait : le désir.

V

Un événement très-simple en apparence et qui n'est pas dramatique le moins du monde, mais il faut vous y résigner, car nous vous avons prévenu en commençant que notre histoire ne serait pas compliquée, décida tout à fait de la vocation de Petit-Pierre et vint changer la face de sa vie.

Le député du département avait obtenu du ministère de l'intérieur un tableau de sainteté pour l'église de *** : le peintre, qui était un homme de talent soigneux de ses œuvres, accompagna sa toile et voulut choisir lui-même la place où elle serait suspendue. Naturellement il descendit au presbystère, et le curé ne manqua pas de parler au peintre d'un berger du pays qui avait beaucoup de goût pour le dessin et faisait de lui-même des croquis annonçant de merveilleuses dispositions. Le carton de Petit-Pierre fut vidé devant le peintre. L'enfant, pâle comme la mort, comprimant son cœur sous sa main pour l'empêcher d'éclater, se tenait debout à côté de la table. Il attendait en silence la condamnation de ses rêves, car il ne pouvait s'imaginer qu'un homme bien mis, bien ganté, un bout de ruban rouge à sa boutonnière, auteur d'un tableau entouré d'un cadre d'or, pût trouver le moindre mérite à ses charbonnages sur papier gris.

Le peintre feuilleta quelques dessins sans rien dire; puis son front s'éclaira, une légère rougeur lui monta aux joues, et il s'adressait à lui-même de courtes phrases exclamatives en argot d'atelier.

— Comme c'est bonhomme ! comme c'est nature ! pas le moindre chic. Corot n'eût pas mieux fait; voilà un chardon qu'envierait Delaberge; ce mouton couché est tout à fait dans le goût de Paul Potter.

Quand il eut fini, il se leva, marcha droit à Petit-Pierre, lui prit la main, la secoua cordialement, et lui dit :

— Pardieu! quoique cela ne soit guère honorable pour nous autres professeurs, mon cher garçon, vous en savez plus que tous mes élèves. Voulez-vous venir à Paris avec moi? En six mois, je vous montrerai ce qu'on nomme les ficelles du métier; ensuite, vous marcherez tout seul, et... si vous ne vous arrêtez pas, je peux vous prédire, sans craindre de me compromettre, que vous irez loin.

Petit-Pierre, bien sermonné, bien chapitré, bien prévenu sur les dangers de la Babylone moderne, partit avec le peintre, en compagnie de Fidèle, dont il ne voulut pas se séparer, et que l'artiste lui permit d'emmener, avec cette délicate bonté d'âme qui accompagne toujours le talent. Seulement, Fidèle ne voulut jamais se laisser hisser sur l'impériale, et suivit la voiture dans un étonnement profond, mais rassuré par la figure amicale de son maître, qui lui souriait à travers la portière.

Nous ne suivrons pas jour par jour les progrès de

Petit-Pierre, cela nous mènerait trop loin. Les œuvres des grands maîtres, qu'il visitait assidûment dans les galeries et dont il faisait de fréquentes copies, mirent à sa disposition mille moyens de rendre sa pensée, qu'il n'eût pu deviner tout seul. Il passa des sévérités du grave Poussin aux mollesses lumineuses de Claude Lorrain, de la fougue sauvage de Salvator Rosa à la vérité prise sur le fait de Ruysdael; mais il ne s'imprégna d'aucun style particulier : il avait une originalité trop fortement trempée pour cela. Il n'avait pas fait comme le vulgaire des peintres qui commencent dans l'atelier, et vont ensuite mettre leur carte de visite à la nature dans des excursions de six semaines, sauf à peindre ensuite au coin du feu les rochers d'après un fauteuil, et les cascades d'après l'eau d'une carafe versée de haut dans une cuvette par un rapin complaisant : ce n'est qu'imprégné de l'arome des bois, les yeux pleins d'aspects champêtres, à la suite d'une longue et discrète familiarité avec la nature, qu'il avait pris le crayon d'abord, puis le pinceau. Les conseils de l'art lui étaient venus assez tôt pour qu'il n'eût pas le temps de prendre une mauvaise route, assez tard pour ne pas fausser sa naïveté.

Au bout de deux ans de travail opiniâtre, Petit-Pierre

eut un tableau admis et remarqué à l'exposition du Louvre. Il aurait bien voulu revoir la dame au crayon d'or; mais, quoiqu'il eût regardé très-attentivement dans les promenades, au théâtre, aux églises, toutes les femmes qui pouvaient offrir quelque ressemblance avec elle, il ne put retrouver sa trace. Il ne savait pas son nom, et ne connaissait d'elle que sa beauté. Un vague espoir cependant le soutenait; quelque chose lui disait au fond du cœur que la destinée n'en avait pas fini entre eux deux. Quelque modeste qu'il fût, il avait la conscience de son talent; il s'était rapproché du ciel, et l'impossibilité d'atteindre l'étoile de son rêve diminuait chaque jour. De temps à autre, notre jeune peintre se promenait aux alentours de son tableau, en se penchant sur la balustrade, affectant de considérer attentivement quelque cadre microscopique dans le voisinage de sa toile, afin de recueillir les avis des spectateurs, et puis il se disait, non sans quelque raison, que la dame, qui dessinait elle-même et paraissait aimer beaucoup le paysage, si elle était à Paris, viendrait immanquablement visiter l'exposition. En effet, un matin, avant l'heure où la foule abonde, Petit-Pierre vit s'avancer du côté de son tableau une jeune femme vêtue de noir; il ne vit pas d'abord sa figure, mais une petite portion de ce cou blanc semé de petits signes, et qui brillait comme une opale entre l'écharpe et le bord du chapeau, la lui fit reconnaître sur-le-champ avec cette sûreté de coup d'œil que l'habitude donne aux peintres. C'était bien elle : le deuil qu'elle portait faisait encore ressortir sa blancheur, et, dans le noir encadrement du chapeau, son profil fin et pur avait la transparence du marbre de Paros. Ce deuil troubla Petit-Pierre.

— Qui a-t-elle perdu? son père, sa mère?... ou bien serait-elle... libre? se dit-il tout bas dans le recoin le plus secret de son âme.

Le paysage exposé par le jeune artiste représentait précisément le site dessiné par la dame, et pour lequel avaient posé lui, Fidèle, et ses moutons. Petit-Pierre, par une pensée d'amour et de religion, avait choisi pour sujet de son premier tableau l'endroit où il avait reçu la révélation de la peinture. La pente gazonnée, les bouquets d'arbres, les roches grises perçant çà et là le vert manteau de l'herbe, le tronc décharné et bizarre d'un vieux chêne frappé de la foudre, tout était d'une scrupuleuse exactitude. Petit-Pierre s'était peint appuyé sur son bâton, l'air rêveur, Fidèle à ses pieds, et dans la position que lui avait indiquée la dame à l'album.

La jeune femme resta longtemps en contemplation devant le tableau de Petit-Pierre ; elle en examina attentivement tous les détails, s'avançant et se reculant pour mieux juger de l'effet. Une pensée semblait la préoccuper : elle ouvrit le livret et chercha le numéro de la toile, le nom du peintre et le sujet de son œuvre. Le nom lui était inconnu ; le livret ne contenait que ce seul mot : « Paysage.. » Puis, paraissant frappée d'un souvenir lumineux, elle dit quelques mots tout bas à la vieille dame qui l'accompagnait.

Après avoir regardé encore quelques tableaux, mais d'un œil déjà distrait et fatigué, elle sortit.

Petit-Pierre, entraîné sur ses pas par une force magique et craignant de perdre cette trace retrouvée si à propos, suivit la jeune dame de loin et la vit monter en voiture. Se jeter dans un cabriolet, et lui dire de ne pas perdre de vue cette voiture bleue à livrée chamois, fut l'affaire d'une minute pour Petit-Pierre.

Le cocher fouetta énergiquement sa haridelle, et se mit à la poursuite de l'équipage.

La voiture entra dans une maison de belle apparence, rue Saint-H..., et la porte cochère se referma sur elle.

C'était bien là que demeurait la dame.

Savoir la rue et le numéro de son idéal est déjà une belle position, et c'est quelque chose que de pouvoir se dire : « Mon rêve demeure dans tel quartier, sur le devant, » ou bien : « entre cour et jardin. » Avec cela, avec moins peut-être, Lovelace ou don Juan eussent mené une aventure à bout ; mais Petit-Pierre n'était ni un don Juan ni un Lovelace, bien loin de là !

Il lui restait à savoir le nom de la dame de ses pensées, à se faire recevoir chez elle, à s'en faire aimer : trois petites formalités qui ne laissaient pas que d'embarrasser étrangement notre ex-berger.

Heureusement, le hasard vint à son secours, et le moyen qu'il cherchait s'offrit de lui-même. Un matin, son rapin Holoferne lui apporta, délicatement pincée entre le pouce et l'index, une petite lettre oblongue qu'il flairait avec des contractions et dilatations de narines, comme si c'eût été un bouquet de roses ou de violettes.

A l'anglaise fine et vive de l'adresse, on ne pouvait méconnaître une main de femme, et de femme bien élevée, sachant écrire une autre orthographe que celle du cœur.

La lettre était ainsi conçue :

« Monsieur,

» Je viens de voir au salon un charmant tableau de vous. Je serais bien heureuse de le posséder dans ma petite galerie ; mais j'ai peur d'arriver trop tard. S'il vous appartient encore, ayez la bonté de me promettre de ne le vendre à personne et de le faire porter, l'exposition finie, rue Saint-H..., n°... Vos conditions seront les miennes.

» G. D'ESCARS. »

La rue et le numéro concordaient précisément avec ceux où Petit-Pierre avait vu entrer la voiture. Il n'y avait pas à s'y tromper. Madame d'Escars était bien la dame au porte-crayon de flamme des visions de Petit-Pierre, celle qui lui avait donné le louis avec lequel il avait acheté les premières feuilles de papier, celle dont il gardait précieusement une goutte de sang sur son mouchoir à carreaux.

VI

Petit-Pierre se rendit chez madame d'Escars, et bientôt des relations assez fréquentes s'établirent entre eux. L'esprit naïf et droit, enthousiaste et sensé à la fois de Petit-Pierre, que nous appellerons ainsi jusqu'à la fin de cette histoire pour ne pas divulguer un nom devenu célèbre, plaisait infiniment à madame d'Escars, qui n'avait pas reconnu dans le jeune artiste le petit pâtre qui lui avait servi de modèle.

Cependant, dès la première visite, elle avait eu quelque vague souvenir d'avoir vu cette physionomie ailleurs.

Madame d'Escars n'avait pas dit à Petit-Pierre qu'elle-même dessinât, car elle n'avait aucune hâte de faire montre des talents qu'elle possédait. Un soir, la conversation tomba sur la peinture, et madame d'Escars avoua, ce que Petit-Pierre savait fort bien, qu'elle avait fait quelques études, quelques croquis qu'elle lui aurait déjà montrés si elle les avait jugés digne d'un tel honneur.

Elle posa l'album sur la table, en tournant les feuilles plus ou moins rapidement, selon qu'elle jugeait les dessins dignes ou indignes d'examen.

Quand elle arriva à l'endroit où Petit-Pierre et son troupeau étaient représentés, elle dit au jeune peintre :

— C'est à peu près le même site que celui que vous avez représenté dans votre tableau, que j'ai acheté, pour voir, réalisé, ce que j'aurais voulu faire. Cette rencontre est bizarre. Vous êtes donc allé à S*** ?

— Oui, j'y ai passé quelque temps.

— Un charmant pays, inconnu, et renfermant des beautés qu'on va chercher bien loin ; mais, puisque j'ai tiré mon album de son étui, ce ne sera pas impunément. Voici une page blanche, vous allez crayonner quelque chose là-dessus.

Petit Pierre dessina la vallée où madame d'Escars était tombée de cheval. Il représenta l'amazone renversée à terre et soutenue par un jeune pâtre qui lui bassinait les tempes avec un mouchoir trempé dans l'eau.

— Quelle coïncidence étrange! dit madame d'Escars. Je suis effectivement tombée de cheval dans un endroit semblable; mais il n'y avait aucun témoin de cette mésaventure qu'un petit pâtre que j'ai vaguement entrevu à travers mon évanouissement et que je n'ai jamais rencontré depuis. Qui a pu vous raconter cela?

— C'est que je suis moi-même Petit-Pierre, et voici le mouchoir qui a essuyé le sang qui coulait de votre tempe, où j'aperçois la cicatrice de la blessure sous la forme d'une imperceptible petite raie blanche.

Madame d'Escars tendit sa main au jeune peintre, qui posa sur le bout de ses doigts roses un baiser tendre et respectueux; puis, d'une voix émue et tremblante, il lui raconta toute sa vie, les vagues aspirations qui le troublaient, ses rêves, ses efforts et enfin son amour, car maintenant il voyait clair dans son âme, et, si d'abord il avait adoré la muse en madame d'Escars, maintenant il aimait la femme.

Que dirons-nous de plus? La fin de cette histoire n'est pas difficile à deviner, et nous avons promis en commençant qu'il n'y aurait dans notre récit ni catastrophe ni surprise. Madame d'Escars devint au bout de quelques mois madame D***, et Petit-Pierre eut ce rare bonheur d'épouser son idéal et de vivre avec son rêve sans jamais s'être souillé par de vulgaires unions. — Il aimait les beaux arbres, il devint un grand paysagiste. — Il aimait une belle femme, il l'épousa; heureux homme! Mais que ne fait-on pas avec un amour pur et une forte volonté?

LA CAFETIÈRE

―――

I

L'année dernière, je fus invité, ainsi que deux de mes camarades d'atelier, Arrigo Cohic et Pedrino Borgnioli, à passer quelques jours dans une terre au fond de la Normandie.

Le temps, qui, à notre départ, promettait d'être superbe, s'avisa de changer tout à coup, et il tomba tant de pluie, que les chemins creux où nous marchions étaient comme le lit d'un torrent.

Nous enfoncions dans la bourbe jusqu'aux genoux, une couche épaisse de terre grasse s'était attachée aux semelles de nos bottes, et par sa pesanteur ralentissait tellement nos pas, que nous n'arrivâmes au lieu de notre destination qu'une heure après le coucher du soleil.

Nous étions harassés; aussi, notre hôte, voyant les efforts que nous faisions pour comprimer nos bâillements et tenir les yeux ouverts, aussitôt que nous eûmes soupé, nous fit conduire chacun dans notre chambre.

La mienne était vaste; je sentis, en y entrant, comme un frisson de fièvre, car il me sembla que j'entrais dans un monde nouveau.

En effet, l'on aurait pu se croire au temps de la Régence, à voir les dessus de porte de Boucher représentant les quatre Saisons, les meubles surchargés d'ornements de rocaille du plus mauvais goût, et les trumeaux des glaces sculptés lourdement.

Rien n'était dérangé. La toilette couverte de boîtes à peignes, de houppes à poudrer, paraissait avoir servi la veille. Deux ou trois robes de couleurs changeantes, un éventail semé de paillettes d'argent, jonchaient le parquet bien ciré, et, à mon grand étonnement, une tabatière d'écaille ouverte sur la cheminée était pleine de tabac encore frais.

Je ne remarquai ces choses qu'après que le domestique, déposant son bougeoir sur la table de nuit, m'eut souhaité un bon somme, et, je l'avoue, je commençai à trembler comme la feuille. Je me déshabillai promptement, je me couchai, et, pour en finir avec ces sottes frayeurs, je fermai bientôt les yeux en me tournant du côté de la muraille.

Mais il me fut impossible de rester dans cette position : le lit s'agitait sous moi comme une vague, mes paupières se retiraient violemment en arrière. Forcé me fut de me retourner et de voir.

Le feu qui flambait jetait des reflets rougeâtres dans l'appartement, de sorte qu'on pouvait sans peine distinguer les personnages de la tapisserie et les figures des portraits enfumés pendus à la muraille.

C'étaient les aïeux de notre hôte, des chevaliers bardés de fer, des conseillers en perruque, et de belles dames au visage fardé et aux cheveux poudrés à blanc, tenant une rose à la main.

Tout à coup le feu prit un étrange degré d'activité; une lueur blafarde illumina la chambre, et je vis clairement que ce que j'avais pris pour de vaines peintures était la réalité; car les prunelles de ces êtres encadrés remuaient, scintillaient d'une façon singulière; leur lèvres s'ouvraient et se fermaient comme des lèvres de gens qui parlent, mais je n'entendais rien que le tic tac de la pendule et le sifflement de la bise d'automne.

Une terreur insurmontable s'empara de moi, mes cheveux se hérissèrent sur mon front, mes dents s'entre-choquèrent à se briser, une sueur froide inonda tout mon corps.

La pendule sonna onze heures. Le vibrement du dernier coup retentit longtemps, et, lorsqu'il fut éteint tout-à-fait...

Oh! non, je n'ose pas dire ce qui arriva, personne ne me croirait, et l'on me prendrait pour un fou.

Les bougies s'allumèrent toutes seules; le soufflet, sans qu'aucun être visible lui imprimât le mouvement, se prit à souffler le feu, en râlant comme un vieillard asthmatique, pendant que les pincettes fourgonnaient dans les tisons et que la pelle relevait les cendres.

Ensuite une cafetière se jeta en bas d'une table où elle était posée, et se dirigea, clopin-clopant, vers le foyer, où elle se plaça entre les tisons.

Quelques instants après, les fauteuils commencèrent à s'ébranler, et, agitant leur pieds tortillés d'une manière surprenante, vinrent se ranger autour de la cheminée.

II

Je ne savais que penser de ce que je voyais; mais ce qui me restait à voir était encore bien plus extraordinaire.

Un des portraits, le plus ancien de tous, celui d'un gros joufflu à barbe grise, ressemblant, à s'y méprendre, à l'idée que je me suis faite du vieux sir John Falstaff, sortit, en grimaçant, la tête de son cadre, et, après de grands efforts, ayant fait passer ses épaules et son ventre rebondi entre les ais étroits de la bordure, sauta lourdement par terre.

Il n'eut pas plus tôt pris haleine, qu'il tira de la poche de son pourpoint une clef d'une petitesse remarquable; il souffla dedans pour s'assurer si la forure était bien nette, et il l'appliqua à tous les cadres les uns après les autres.

Et tous les cadres s'élargirent de façon à laisser passer aisément les figures qu'ils renfermaient.

Petits abbés poupins, douairières sèches et jaunes, magistrats à l'air grave ensevelis dans de grandes robes noires, petits maîtres en bas de soie, en culotte de prunelle, la pointe de l'épée en haut, tous ces personnages présentaient un spectacle si bizarre, que, malgré ma frayeur, je ne pus m'empêcher de rire.

Ces dignes personnages s'assirent; la cafetière sauta légèrement sur la table. Ils prirent le café dans des tasses du Japon blanches et bleues, qui accoururent spontanément de dessus un secrétaire, chacune d'elles munie d'un morceau de sucre et d'une petite cuiller d'argent.

Quand le café fut pris, tasses, cafetière et cuillers disparurent à la fois, et la conversation commença, certes la plus curieuse que j'aie jamais ouïe, car aucun de ces étranges causeurs ne regardait l'autre en parlant : ils avaient tous les yeux fixés sur la pendule.

Je ne pouvais moi-même en détourner mes regards et m'empêcher de suivre l'aiguille qui marchait vers minuit à pas imperceptibles.

Enfin, minuit sonna; une voix, dont le timbre était exactement celui de la pendule, se fit entendre et dit :

— Voici l'heure, il faut danser.

Toute l'assemblée se leva. Les fauteuils se reculèrent de leur propre mouvement; alors, chaque cavalier prit la main d'une dame, et la même voix dit :

— Allons, messieurs de l'orchestre, commencez!

J'ai oublié de dire que le sujet de la tapisserie était un concerto italien d'un côté, et de l'autre une chasse au cerf où plusieurs valets donnaient du cor. Les piqueurs et les musiciens, qui, jusque là, n'avaient fait aucun geste, inclinèrent la tête en signe d'adhésion.

Le maestro leva sa baguette, et une harmonie vive et dansante s'élança des deux bouts de la salle. On dansa d'abord le menuet.

Mais les notes rapides de la partition exécutée par les musiciens s'accordaient mal avec ces graves révérences : aussi chaque couple de danseurs, au bout de quelques minutes, se mit à pirouetter comme une toupie d'Allemagne. Les robes de soie des femmes, froissées dans ce tourbillon dansant, rendaient des sons d'une nature particulière; on aurait dit le bruit d'ailes d'un vol de pigeons. Le vent qui s'engouffrait par-dessous, les gonflaient prodigieusement, de sorte qu'elles avaient l'air de cloches en branle.

L'archet des virtuoses passait si rapidement sur les cordes, qu'il en jaillissait des étincelles électriques. Les doigts des flûteurs se haussaient et se baissaient comme s'ils eussent été de vif-argent; les joues des piqueurs étaient enflées comme des ballons, et tout cela formait un déluge de notes et de trilles si pressées et de gammes ascendantes et descendantes si entortillées, si inconcevables, que les démons eux-mêmes n'auraient pu deux minutes suivre une pareille mesure.

Aussi, c'était pitié de voir tous les efforts de ces danseurs pour rattraper la cadence. Ils sautaient, cabriolaient, faisaient des ronds de jambe, des jetés battus et des entrechats de trois pieds de haut, tant que la sueur, leur coulant du front sur les yeux, leur emportait les mouches et le fard. Mais ils avaient beau faire, l'orchestre les devançait toujours de trois ou quatre notes.

La pendule sonna une heure; ils s'arrêtèrent. Je vis quelque chose qui m'était échappé : une femme qui ne dansait pas.

Elle était assise dans une bergère au coin de la cheminée, et ne paraissait pas le moins du monde prendre part à ce qui se passait autour d'elle.

Jamais, même en rêve, rien d'aussi parfait ne s'était présenté à mes yeux ; une peau d'une blancheur éblouissante, des cheveux d'un blond cendré, de longs cils et des prunelles bleues, si claires et si transparentes, que je voyais son âme à travers aussi distinctement qu'un caillou au fond d'un ruisseau.

Et je sentis que, si jamais il m'arrivait d'aimer quelqu'un, ce serait elle. Je me précipitai hors du lit, d'où jusque-là je n'avais pu bouger, et je me dirigeai vers elle, conduit par quelque chose qui agissait en moi sans que je pusse m'en rendre compte; et je me trouvai à ses genoux, une de ses mains dans les miennes, causant avec elle comme si je l'eusse connue depuis vingt ans.

Mais, par un prodige bien étrange, tout en lui parlant, je marquais d'une oscillation de tête la musique qui n'avait pas cessé de jouer; et, quoique je fusse au comble du bonheur d'entretenir une aussi belle personne, les pieds me brûlaient de danser avec elle.

Cependant je n'osais lui en faire la proposition. Il paraît qu'elle comprit ce que je voulais, car, levant vers le cadran de l'horloge la main que je ne tenais pas :

— Quand l'aiguille sera là, nous verrons, mon cher Théodore.

Je ne sais comment cela se fit, je ne fus nullement surpris de m'entendre ainsi appeler par mon nom, et nous continuâmes à causer. Enfin, l'heure indiquée sonna, la voix au timbre d'argent vibra encore dans la chambre et dit :

— Angéla, vous pouvez danser avec monsieur, si cela

vous fait plaisir, mais vous savez ce qui en résultera.

— N'importe, répondit Angéla d'un ton boudeur.

Et elle passa son bras d'ivoire autour de mon cou.

— *Prestissimo!* cria la voix.

Et nous commençâmes à valser. Le sein de la jeune fille touchait ma poitrine, sa joue veloutée effleurait la mienne, et son haleine suave flottait sur ma bouche.

Jamais de la vie je n'avais éprouvé une pareille émotion; mes nerfs tressaillaient comme des ressorts d'acier, mon sang coulait dans mes artères en torrent de lave, et j'entendais battre mon cœur comme une montre accrochée à mes oreilles.

Pourtant cet état n'avait rien de pénible. J'étais inondé d'une joie ineffable et j'aurais toujours voulu demeurer ainsi, et, chose remarquable, quoique l'orchestre eût triplé de vitesse, nous n'avions besoin de faire aucun effort pour le suivre.

Les assistants, émerveillés de notre agilité, criaient bravo, et frappaient de toutes leurs forces dans leurs mains, qui ne rendaient aucun son.

Angéla, qui jusqu'alors avait valsé avec une énergie et une justesse surprenantes, parut tout à coup se fatiguer; elle pesait sur mon épaule comme si les jambes lui eussent manqué; ses petits pieds, qui, une minute auparavant, effleuraient le plancher, ne s'en détachaient que lentement, comme s'ils eussent été chargés d'une masse de plomb.

— Angéla, vous êtes lasse, lui dis-je, reposons-nous.

— Je le veux bien, répondit-elle en s'essuyant le front avec son mouchoir. Mais, pendant que nous valsions, ils se sont tous assis; il n'y a plus qu'un fauteuil, et nous sommes deux.

— Qu'est-ce que cela fait, mon bel ange? Je vous prendrai sur mes genoux.

III

Sans faire la moindre objection, Angéla s'assit, m'entourant de ses bras comme d'une écharpe blanche, cachant sa tête dans mon sein pour se réchauffer un peu, car elle était devenue froide comme un marbre.

Je ne sais pas combien de temps nous restâmes dans cette position, car tous mes sens étaient absorbés dans la contemplation de cette mystérieuse et fantastique créature.

Je n'avais plus aucune idée de l'heure ni du lieu; le monde réel n'existait plus pour moi, et tous les liens qui m'y attachent étaient rompus; mon âme, dégagée de sa prison de boue, nageait dans le vague et l'infini; je comprenais ce que nul homme ne peut comprendre, les pensées d'Angéla se révélant à moi sans qu'elle eût besoin de parler; car son âme brillait dans son corps comme une lampe d'albâtre, et les rayons partis de sa poitrine perçaient la mienne de part en part.

L'alouette chanta, une lueur pâle se joua sur les rideaux.

Aussitôt qu'Angéla l'aperçut, elle se leva précipitamment, me fit un geste d'adieu, et, après quelques pas, poussa un cri et tomba de sa hauteur.

Saisi d'effroi, je m'élançai pour la relever... Mon sang se fige rien que d'y penser : je ne trouvai rien que la cafetière brisée en mille morceaux.

A cette vue, persuadé que j'avais été le jouet de quelque illusion diabolique, une telle frayeur s'empara de moi, que je m'évanouis.

IV

Lorsque je repris connaissance, j'étais dans mon lit ; Arrigo Cohic et Pédrino Borgnioli se tenaient debout à mon chevet.

Aussitôt que j'eus ouvert les yeux, Arrigo s'écria :

— Ah ! ce n'est pas dommage ! voilà bientôt une heure que je te frotte les tempes d'eau de Cologne. Que diable as-tu fait cette nuit ? Ce matin, voyant que tu ne descendais pas, je suis entré dans ta chambre, et je t'ai trouvé tout du long étendu par terre, en habit à la française, serrant dans tes bras un morceau de porcelaine brisée, comme si c'eût été une jeune et jolie fille.

— Pardieu ! c'est l'habit de noce de mon grand-père, dit l'autre en soulevant une des basques de soie fond rose à ramages verts. Voilà les boutons de strass et de filigrane qu'il nous vantait tant. Théodore l'aura trouvé dans quelque coin et l'aura mis pour s'amuser. Mais à propos de quoi t'es-tu trouvé mal ? ajouta Borgnioli. Cela est bon pour une petite maîtresse qui a des épaules blanches; on la délace, on lui ôte ses colliers, son écharpe, et c'est une belle occasion de faire des minauderies.

— Ce n'est qu'une faiblesse qui m'a pris ; je suis sujet à cela, répondis-je séchement.

Je me levai, je me dépouillai de mon ridicule accoutrement.

Et puis l'on déjeuna.

Mes trois camarades mangèrent beaucoup et burent encore plus ; moi, je ne mangeais presque pas, le souvenir de ce qui s'était passé me causait d'étranges distractions.

Le déjeuner fini, comme il pleuvait à verse, il n'y eut pas moyen de sortir; chacun s'occupa comme il put. Borgnioli tambourina des marches guerrières sur les vitres; Arrigo et l'hôte firent une partie de dames; moi, je tirai de mon album un carré de vélin, et je me mis à dessiner.

Les linéaments presque imperceptibles tracés par mon crayon, sans que j'y eusse songé le moins du monde, se trouvèrent représenter avec la plus merveilleuse exactitude la cafetière qui avait joué un rôle si important dans les scènes de la nuit.

— C'est étonnant comme cette tête ressemble à ma

sœur Angéla, dit l'hôte, qui, ayant terminé sa partie, me regardait travailler par-dessus mon épaule.

En effet, ce qui m'avait semblé tout à l'heure une cafetière, était bien réellement le profil doux et mélancolique d'Angéla.

— De par tous les saints du paradis! est-elle morte ou vivante? m'écriai-je d'un ton de voix tremblant, comme si ma vie eût dépendu de sa réponse.

— Elle est morte, il y a deux ans, d'une fluxion de poitrine à la suite d'un bal.

— Hélas! répondis-je douloureusement.

Et, retenant une larme qui était près de tomber, je replaçai le papier dans l'album.

Je venais de comprendre qu'il n'y avait plus pour moi de bonheur sur la terre!

L'AME DE LA MAISON

I

Lorsque je suis seul, et que je n'ai rien à faire, ce qui m'arrive souvent, je me jette dans un fauteuil, je croise les bras; puis, les yeux au plafond, je passe ma vie en revue.

Ma mémoire, pittoresque magicienne, prend la palette, trace, à grands traits et à larges touches, une suite de tableaux diaprés de couleurs les plus étincelantes et les plus diverses; car, bien que mon existence extérieure ait été presque nulle, au dedans j'ai beaucoup vécu.

Ce qui me plaît surtout dans ce panorama, ce sont

les derniers plans, la bande qui bleuit et touche à l'horizon, les lointains ébauchés dans la vapeur, vagues comme le souvenir d'un rêve, doux à l'œil et au cœur.

Mon enfance est là, joueuse et candide, belle de la beauté d'une matinée d'avril, vierge de corps et d'âme, souriant à la vie comme à une bonne chose. Hélas! mon regard s'arrête complaisamment à cette représentation de mon moi d'alors, qui n'est plus mon moi d'aujourd'hui! J'éprouve, en me voyant, une espèce d'hésitation; comme lorsqu'on rencontre par hasard un ami ou un parent, après une si longue absence qu'on a eu le temps d'oublier ses traits, j'ai quelquefois toutes les peines du monde à me reconnaître. A dire vrai, je ne me ressemble guère.

Depuis, tant de choses ont passé par ma pauvre tête! Ma physionomie physique et morale est totalement changée.

Au souffle glacial du prosaïsme, j'ai perdu une à une toutes mes illusions; elles sont tombées dans mon âme, comme les fleurs de l'amandier par une bise froide, et les hommes ont marché dessus avec leur pieds de fange; ma pensée adolescente, touchée et polluée par leurs mains grossières, n'a rien conservé de sa fraîcheur et de sa pureté primitives; sa fleur, son velouté, son éclat, tout a disparu; comme l'aile de papillon qui laisse aux doigts une poussière d'or, d'azur et de carmin, elle a laissé son principe odorant sur l'index et le pouce de ceux qui voulaient la saisir dans son vol de sylphide.

Avec la jeunesse de ma pensée, celle de mon corps s'en est allée aussi; mes joues, rebondies et roses comme des pommes, se sont profondément creusées; ma bouche, qui riait toujours, et qu'on eût prise pour un coquelicot noyé dans une jatte de lait, est devenue horizontale et pâle; mon profil se dessine en méplats fortement accusés; une ride précoce commence à se dessiner sur mon front; mes yeux n'ont plus cette humidité limpide et bleue qui les faisait briller comme deux sources où le soleil donne : les veilles, les chagrins les ont fatigués et rougis, leur orbite s'est cavée, de sorte qu'on peut déjà comprendre les os sous la chair, c'est-à-dire le cadavre sous l'homme, le néant sous la vie.

Oh! s'il m'était donné de revenir sur moi-même! Mais ce qui est fait est fait, n'y pensons plus.

Parmi tous ces tableaux, un surtout se détache nettement, de même qu'au bout d'une plaine uniforme, un bouquet de bois, une flèche d'église dorée par le couchant.

C'est le prieuré de mon oncle le chanoine ; je le vois encore d'ici, au revers de la colline, entre les grands châtaigniers, à deux pas de la chapelle de Saint-Caribert.

Il me semble être, en ce moment, dans la cuisine : je reconnais le plafond rayé de solives de chêne noircies par la fumée; la lourde table aux pieds massifs; la fenêtre étroite taillée à vitraux qui ne laissent passer qu'un demi-jour vague et mystérieux, digne d'un intérieur de Rembrandt; les tablettes disposées par étages qui soutiennent une grande quantité d'ustensiles de cuivre jaune et rouge, de formes bizarres, les unes fondues dans l'ombre, les autres se détachant du fond, une paillette saillante sur la partie lumineuse et des reflets sur le bord ; rien n'est changé! Les assiettes, les plats d'étain, clairs comme de l'argent; les pots de faïence à fleurs, les bouteilles à large ventre, les fioles grêles à goulot allongé, ainsi qu'on les trouve dans les tableaux des vieux maîtres flamands; tout est à la même place, le plus petit détail est religieusement conservé. A l'angle du mur, irisée par un rayon de soleil, j'aperçois la toile de l'araignée à qui, tout enfant, je donnais des mouches après leur avoir coupé les ailes, et le profil grotesque de Jacobus Pragmater, sur une porte condamnée où le plâtre est plus blanc. Le feu brille dans la cheminée; la fumée monte en tourbillonnant le long de la plaque armoriée aux armes de France; des gerbes d'étincelles s'échappent des tisons qui craquent; la fine poularde, préparée pour le dîner de mon oncle, tourne lentement devant la flamme. J'entends le tic tac du tourne broche, le pétillement des charbons, et le grésillement de la graisse qui tombe goutte à goutte dans la lèchefrite brûlante. Berthe, son tablier blanc retroussé sur la hanche, l'arrose, de temps en temps, avec une cuiller de bois et veille sur elle, comme une mère sur sa fille.

Et la porte du jardin s'ouvre. Jacobus Pragmater, le maître d'école, entre à pas mesurés, tenant d'une main un bâton de houx, et de l'autre main la petite Maria, qui rit et chante...

Pauvre enfant! en écrivant ton nom, une larme tremble au bout de mes cils humides. Mon cœur se serre.

Dieu te mette parmi ses anges, douce et bonne créature! tu le mérites, car tu m'aimais bien, et, depuis que tu ne m'accompagnes plus dans la vie, il me semble qu'il n'y a rien autour de moi.

L'herbe doit croître bien haute sur ta fosse, car tu es morte là-bas, et personne n'y est allé : pas même moi, que tu préférais à tout autre, et que tu appelais ton petit mari.

Pardonne, ô Maria! je n'ai pu, jusqu'à présent, faire le voyage; mais j'irai, je chercherai la place; pour la découvrir, j'interrogerai les inscriptions de toutes les croix, et, quand je l'aurai trouvée, je me mettrai à genoux, je prierai longtemps, bien longtemps, afin que ton ombre soit consolée; je jetterai sur la pierre, verte de mousse, tant de guirlandes blanches et de fleurs d'oranger, que ta fosse semblera une corbeille de mariage.

Hélas! la vie est faite ainsi. C'est un chemin âpre et montueux : avant que d'être au but, beaucoup se lassent; les pieds endoloris et sanglants, beaucoup s'asseyent sur le bord d'un fossé, et ferment leurs yeux pour ne plus les rouvrir. A mesure que l'on marche, le cortége diminue : l'on était parti vingt, on arrive seul à cette dernière hôtellerie de l'homme, le cercueil; car il n'est pas donné à tous de mourir jeunes... et tu n'es pas, ô Maria, la seule perte que j'aie à déplorer.

Jacobus Pragmater est mort, Berthe est morte; ils reposent oubliés au fond d'un cimetière de campagne. Tom, le chat favori de Berthe, n'a pas survécu à sa maîtresse : il est mort de douleur sur la chaise vide où elle s'asseyait pour filer, et personne ne l'a enterré, car qui s'intéressait au pauvre Tom, excepté Jacobus Pragmater et la vieille Berthe!

Moi seul, je suis resté pour me souvenir d'eux et écrire leur histoire, afin que la mémoire ne s'en perde pas.

II

C'était un soir d'hiver; le vent, en s'engouffrant dans la cheminée, en faisait sortir des lamentations et des gémissements étranges : on eût dit ces soupirs vagues et inarticulés qu'envoie l'orgue aux échos de la cathédrale. Les gouttes de pluie cinglaient les vitres avec un son clair et argenté.

Moi et Maria, nous étions seuls. Assis tous les deux sur la même chaise, paresseusement appuyés l'un sur l'autre, mon bras autour d'elle, le sien autour de moi.

nos joues se touchant presque, les boucles de nos cheveux mêlées ensemble : si tranquilles, si reposés, si détachés du monde, si oublieux de toute chose, que nous entendions notre chair vivre, nos artères battre et nos nerfs tressaillir. Notre respiration venait se briser à temps égaux sur nos lèvres, comme la vague sur le sable, avec un bruit doux et monotone ; nos cœurs palpitaient à l'unisson, nos paupières s'élevaient et s'abaissaient simultanément ; tout, dans nos âmes et dans nos corps, était en harmonie et vivait de concert, ou plutôt nous n'avions qu'une âme à deux, tant la sympathie avait fondu nos existences dans une seule et même individualité.

Un fluide magnétique entrelaçait autour de nous, comme une résille de soie aux mille couleurs, ses filaments magiques ; il en partait un de chaque atome de mon être, qui allait se nouer à un atome de Maria ; nous étions si puissamment, si intimement liés, que je suis sûr que la balle qui aurait frappé l'un aurait tué l'autre sans le toucher.

Oh ! qui pourrait, au prix de ce qui me reste à vivre, me rendre une de ces minutes si courtes et si longues, dont chaque seconde renferme tout un roman intérieur, tout un drame complet, toute une existence entière, non pas d'homme, mais d'ange! Age fortuné des premières émotions, où la vie nous apparait comme à travers un prisme, fleurie, pailletée, chatoyante, avec les couleurs de l'arc-en-ciel, où le passé et l'avenir sont rattachés à un présent sans chagrin, par de douces souvenances et un espoir qui n'a pas été trompé, âge de poésie et d'amour, où l'on n'est pas encore méchant, parce qu'on n'a pas été malheureux, pourquoi faut-il que tu passes si vite, et que tous nos regrets ne puissent te faire revenir une fois passé!

Sans doute, il faut que cela soit ainsi, car qui voudrait mourir et faire place aux autres, s'il nous était donné de ne pas perdre cette virginité d'âme et les riantes illusions qui l'accompagnent? L'enfant est un ange descendu de là-haut, à qui Dieu a coupé les ailes en le posant sur le monde, mais qui se souvient encore de sa première patrie. Il s'avance d'un pas timide dans les chemins des hommes, et tout seul; son innocence se déflore à leur contact, et bientôt il a tout à fait oublié qu'il vient du Ciel et qu'il doit y retourner.

Abimés dans la contemplation l'un et l'autre, nous ne pensions pas à notre propre vie; spectateurs d'une existence en dehors de nous, nous avions oublié la nôtre.

Cependant cette espèce d'extase ne nous empêchait pas de saisir jusqu'aux moindres bruits intérieurs, jusqu'aux moindres jeux de lumière dans les recoins obscurs de la cuisine et les interstices des poutres : les ombres, découpées en atomes baroques, se dessinaient nettement au fond de notre prunelle ; les reflets étincelants des chaudrons, les diamants phosphoriques allumés aux reflets des cafetières argentées, jetaient des rayons prismatiques dans chacun de nos cils. Le son monotone du coucou juché dans son armoire de chêne, le craquement des vitrages de plomb, les jérémiades du vent, le caquetage des fagots flambants dans l'âtre, toutes les harmonies domestiques parvenaient distinctement à notre oreille, chacune avec sa signification particulière. Jamais nous n'avions aussi bien compris le bonheur de la maison et les voluptés indéfinissables du foyer !

Nous étions si heureux d'être là, cois et chauds, dans une chambre bien close, devant un feu clair, seuls et libres de toute gêne, tandis qu'il pleuvait, ventait et grêlait, au dehors ; jouissant d'une tiède atmosphère d'été, tandis que l'hiver, faisant craqueter ses doigts blancs de givre, mugissait à deux pas, séparé de nous par une vitre et une planche. A chaque sifflement aigu de la bise, à chaque redoublement de pluie, nous nous serrions l'un contre l'autre, pour être plus forts, et nos lèvres, lentement déjointes, laissaient aller un *Ah' mon Dieu!* profond et sourd.

— Ah! mon Dieu! qu'ils sont à plaindre, les pauvres gens qui sont en route!

Et puis nous nous taisions, pour écouter les abois du chien de la ferme, le galop heurté d'un cheval sur le grand chemin, le criaillement de la girouette enrouée; et, par-dessus tout, le cri du grillon tapi entre les briques de l'âtre, vernissées et bistrées par une fumée séculaire.

— J'aimerais bien être grillon, dit la petite Maria en mettant ses mains roses et potelées dans les miennes, surtout en hiver : je choisirais une crevasse aussi près du feu que possible, et j'y passerais le temps à me chauffer les pattes. Je tapisserais bien ma cellule avec de la barbe de chardon et de pissenlit; je ramasserais les duvets qui flottent en l'air, je m'en ferais un matelas et un oreiller bien souples, bien moelleux, et je me coucherais dessus. Du matin jusqu'au soir, je chanterais ma petite chanson de grillon, et je ferais *cri cri*; et puis je ne travaillerais pas, je n'irais pas à l'école. Oh! quel bonheur!... Mais je ne voudrais pas être noir comme ils sont... N'est-ce pas, Théophile, que c'est vilain d'être noir ?...

Et, en prononçant ces mots, elle jeta une œillade coquette sur la main que je tenais.

— Tu es une folle ! lui dis-je en l'embrassant. Toi qui ne peux rester un seul instant tranquille, tu t'ennuierais bien vite de cette vie égale et dormante. Ce pauvre reclus de grillon ne doit guère s'amuser dans son ermitage ; il ne voit jamais le soleil, le beau soleil aux cheveux d'or, ni le ciel de saphir, avec ses beaux nuages de toutes couleurs ; il n'a pour perspective que la plaque noircie de l'âtre, les chenets et les tisons ; il n'entend d'autre musique que la bise et le tic tac du tournebroche...

» Quel ennui !...

» Si je voulais être quelque chose, j'aimerais bien mieux être demoiselle ; parle-moi de cela, à la bonne heure, c'est si joli !... On a un corset d'émeraude, un diamant pour œil, de grandes ailes de gaze d'argent, de petites pattes frêles, veloutées. Oh ! si j'étais demoiselle !... comme je volerais par la campagne, à droite, à gauche, selon ma fantaisie... au long des haies d'aubépine, des mûriers sauvages et des églantiers épanouis ! Effleurant du bout de l'aile un bouton d'or, une pâquerette ployée au vent, j'irais, je courrais du brin d'herbe au bouleau, du bouleau au chêne, tantôt dans la nue, tantôt rasant le sol, égratignant les eaux transparentes de la rivière, dérangeant dans les feuilles de nénufar les cricères écarlates, effrayant de mon ombre les petits goujons qui s'agitent frétillards et peureux...

» Au lieu d'un trou dans la cheminée, j'aurais pour logis la coupe d'albâtre d'un lis, ou la campanule d'azur de quelque volubilis, tapissée à l'intérieur de perles de rosée. J'y vivrais de parfums et de soleil, loin des hommes, loin des villes, dans une paix profonde, ne m'inquiétant de rien, que de jouer autour des roseaux panachés de l'étang, et de me mêler en bourdonnant aux quadrilles et aux valses des moucherons...

J'allais commencer une autre phrase, quand Maria m'interrompit.

— Ne te semble-t-il pas, dit-elle, que le cri du grillon a tout à fait changé de nature? J'ai cru plusieurs fois, pendant que tu parlais, saisir, parmi ses notes, des mots clairement articulés; j'ai d'abord pensé que c'était l'écho de ta voix, mais je suis à présent bien certaine du contraire. Écoute, le voici qui recommence.

En effet, une voix grêle et métallique partait de la loge du grillon :

— Enfant, si tu crois que je m'ennuie, tu te trompes étrangement : j'ai mille sujets de distraction que tu ne connais pas ; mes heures, qui te paraissent être si longues, coulent comme des minutes. La bouilloire me chante à demi-voix sa chanson ; la séve qui sort en écumant par l'extrémité des bûches me siffle des airs de chasse ; les braises qui craquent, les étincelles qui pétillent me jouent des duos dont la mélodie échappe à vos oreilles terrestres. Le vent qui s'engouffre dans la cheminée me fredonne des ballades fantastiques, et me raconte de mystérieuses histoires.

» Puis les paillettes de feu, dirigées en l'air par des salamandres de mes amies, forment, pour me récréer, des gerbes éblouissantes, des globes lumineux rouges et jaunes, des pluies d'argent qui retombent en réseaux bleuâtres ; des flammes de mille nuances, vêtues de robes de pourpre, dansent le fandango sur les tisons ardents, et moi, penché au bord de mon palais, je me chauffe, je me chauffe jusqu'à faire rougir mon corset noir, et je savoure à mon aise toutes les voluptés du nonchaloir et le bien-être du chez soi.

» Quand vient le soir, je vous écoute causer et lire. L'hiver dernier, Berthe vous répétait, tout en filant, de beaux contes de fée : *l'Oiseau bleu, Riquet à la houppe, Haquebonne* et *Pierre de Provence*. J'y prenais un singulier plaisir, et je les sais presque tous par cœur. J'espère que, cette année, elle en aura appris d'autres, et que nous passerons encore de joyeuses soirées.

» Eh bien, cela ne vaut-il pas mieux que d'être demoiselle et de vagabonder par les champs ?

» Passe pour l'été ; mais, quand arrive l'automne, que les feuilles, couleur de safran, tourbillonnent dans les bois, qu'il commence à geler blanc; quand la brume, froide et piquante, raye le ciel gris de ses innombrables filaments, que le givre enveloppe les branches dépouillées d'une peluche scintillante ; quand on n'a plus de fleurs pour se gîter le soir, que devenir, où réchauffer ses membres engourdis, où sécher son aile trempée de pluie? Le soleil n'est plus assez fort pour percer les brouillards; on ne peut plus voler, et, d'ailleurs, quand on le pourrait, où irait-on ?

» Adieu, les haies d'aubépine, les boutons d'or et les pâquerettes ! La neige a tout couvert; les eaux qu'on égratignait en passant ne forment plus qu'un cristal solide; les roses sont mortes, les parfums évaporés; les oiseaux gourmands vous prennent dans leur bec, et vous portent dans leur nid pour se repaître de vos chairs. Affaiblis par le jeûne et le froid, comment fuir? les petits polissons du village vous attrapent sous leur mouchoir, et vous piquent à leur chapeau avec une longue épingle. Là, vivante cocarde, vous souffrez mille morts avant de mourir. Vous avez beau agiter vos pattes suppliantes, on n'y fait pas attention, car les enfants sont, comme les vieillards, cruels : les uns, parce qu'ils ne sentent pas encore; les autres, parce qu'ils ne sentent plus.

III

Comme vous n'avez probablement pas vu la caricature de Jacobus Pragmater, dessinée au charbon sur la porte de la cuisine de mon oncle le chanoine, et qu'il est peu probable que vous alliez à *** pour la voir, vous vous contenterez d'un portrait à la plume.

Jacobus Pragmater, qui joue en cette histoire le rôle de la fatalité antique, avait toujours eu soixante ans:

il était né avec des rides, la nature l'avait jeté en moule tout exprès pour faire un bedeau ou un maître d'école de village; en nourrice, il était déjà pédant.

Étant jeune, il avait écrit en petite bâtarde l'*Ave* et le *Credo* dans un rond de parchemin de la grandeur d'un petit écu. Il l'avait présenté à M. le marquis de ***, dont il était le filleul; celui-ci, après l'avoir considéré attentivement, s'était écrié à plusieurs reprises :

— Voilà un garçon qui n'est pas manchot!

Il se plaisait à nous raconter cette anecdote, ou, comme il l'appelait, cet apophtegme; le dimanche, quand il avait bu deux doigts de vin, et qu'il était en belle humeur, il ajoutait, par manière de réflexion, que M. le marquis de *** était bien le gentilhomme de France le plus spirituel et le mieux appris qu'il eût jamais connu.

Quoiqu'aux importantes fonctions de maître d'école, il ajoutât celles non moins importantes de bedeau, de chantre, de sonneur, il n'en était pas plus fier. A ses heures de relâche, il soignait le jardin de mon oncle, et, l'hiver, il lisait une page ou deux de Voltaire ou de Rousseau en cachette; car, étant plus d'à moitié prêtre comme il le disait, une pareille lecture n'eût pas été convenable en public.

C'était un esprit sec, exact cependant, mais sans rien d'onctueux. Il ne comprenait rien à la poésie, il n'avait jamais été amoureux, et n'avait pas pleuré une seule fois dans sa vie. Il n'avait aucune des charmantes superstitions de campagne, et il grondait toujours Berthe quand elle nous racontait une histoire de fée ou de revenant. Je crois qu'au fond il pensait que la religion n'était bonne que pour le peuple. En un mot, c'était la prose incarnée, la prose dans toute son étroitesse, la prose de Barème et de Lhomond.

Son extérieur répondait parfaitement à son intérieur. Il avait quelque chose de pauvre, d'étriqué, d'incomplet, qui faisait peine à voir et donnait envie de rire en même temps. Sa tête, bizarrement bossuée, luisait à travers quelques cheveux gris; ses sourcils blancs se hérissaient en buisson sur deux petits yeux verts de mer, clignotants et enfouis dans une patte d'oie de rides horizontales. Son nez, long comme une flûte d'alambic, tout diapré de verrues, tout barbouillé de tabac, se penchait amoureusement sur son menton.

Aussi, lorsqu'on jouait aux petits jeux, et qu'il fallait embrasser quelqu'un par pénitence, c'était toujours lui que les jeunes filles choisissaient en présence de leur mère ou de leur amant.

Ces avantages naturels étaient merveilleusement rehaussés par le costume de leur propriétaire : il portait d'habitude un habit noir râpé, avec des boutons larges comme des tabatières, les bas et la culotte de couleur incertaine ; des souliers à boucles et un chapeau à trois cornes que mon oncle avait porté deux ans avant de lui en faire cadeau.

O digne Jacobus Pragmater, qui aurait pu s'empêcher de rire en te voyant arriver par la porte du jardin, le nez au vent, les manches pendantes de ton grand habit flottant au long de ton corps, comme si elles eussent été un rouleau de papier sortant à demi de ta poche ! Tu aurais déridé le front du spleen en personne.

Il nous embrassa selon sa coutume, piqua les joues potelées de Maria à la brosse de sa barbe, me donna un petit coup sur l'épaule, et tira de sa poche un cœur de pain d'épice enveloppé d'un papier chamarré d'or et de paillon qu'il partagea entre Maria et moi.

Il nous demanda si nous avions été bien sages. La réponse, sans hésiter, fut affirmative, comme on peut le croire.

Pour nous récompenser, il nous promit à chacun une image coloriée.

Les galoches de Berthe sonnèrent dans le haut de l'escalier, le service de mon oncle ne la retenait plus, elle vint s'asseoir au coin du feu avec nous.

Maria quitta aussitôt le genou où Pragmater la retenait presque malgré elle; car, en dépit de toutes ses caresses, elle ne le pouvait souffrir, et courut se mettre sur les genoux de Berthe.

Elle lui raconta ce que nous avions entendu, et lui répéta même quelques couplets de la ballade qu'elle avait retenus.

Berthe l'écouta gravement et avec bonté et dit, quand elle eut fini, qu'il n'y avait rien d'impossible à Dieu; que les grillons étaient le bonheur de la maison, et qu'elle se croirait perdue si elle en tuait un, même par mégarde.

Pragmater la tança vivement d'une croyance aussi absurde, et lui dit que c'était pitié d'inculquer des superstitions de bonne femme à des enfants, et que, s'il pouvait attraper celui de la cheminée, il le tuerait, pour nous montrer que la vie ou la mort d'une méchante bête était parfaitement insignifiante.

J'aimais assez Pragmater, parce qu'il me donnait toujours quelque chose; mais, en ce moment, il me parut d'une férocité de cannibale, et je l'aurais volontiers dévisagé. Même à présent que l'habitude de la vie et le train des choses m'ont usé l'âme et durci le cœur, je me reprocherais comme un crime le meurtre d'une mouche, trouvant, comme le bon Tobie, que le monde est assez large pour deux.

Pendant cette conversation, le grillon jetait imperturbablement ses notes aiguës et vibrantes à travers la voix sourde et cassée de Pragmater, la couvrant quelquefois et l'empêchant d'être entendue.

Pragmater, impatienté, donna un coup de pied si violent du côté d'où le chant paraissait venir, que plusieurs flocons de suie se détachèrent et avec eux la cellule du grillon, qui se mit à courir sur la cendre aussi vite que possible pour regagner un autre trou.

Par malheur pour lui, le rancunier maître d'école l'aperçut, et, malgré nos cris, le saisit par une patte au moment où il entrait dans l'interstice de deux briques. Le grillon, se voyant perdu, abandonna bravement sa patte, qui resta entre les doigts de Pragmater comme un trophée, et s'enfonça profondément dans le trou.

Pragmater jeta froidement au feu la patte toute frémissante encore.

Berthe leva les yeux au ciel avec inquiétude, en

joignant les mains. Maria se mit à pleurer; moi, je lançai à Pragmater le meilleur coup de poing que j'eusse donné de ma vie; il n'y prit seulement pas garde.

Cependant la figure triste et sérieuse de Berthe lui donna un moment d'inquiétude sur ce qu'il avait fait : il eut une lueur de doute; mais le voltairianisme reprit bientôt le dessus, et un *bah!* fortement accentué résuma son plaidoyer intérieur.

Il resta encore quelques minutes; mais, ne sachant trop quelle contenance faire, il prit le parti de se retirer.

Nous nous en allâmes coucher, le cœur gros de pressentiments funestes.

IV

Plusieurs jours s'écoulèrent tristement; mais rien d'extraordinaire n'était venu réaliser les appréhensions de Berthe.

Elle s'attendait à quelque catastrophe : le mal fait à un grillon porte toujours malheur.

— Vous verrez, disait-elle, Pragmater, qu'il nous arrivera quelque chose à quoi nous ne nous attendons pas.

Dans le courant du mois, mon oncle reçut une lettre venant de loin, toute constellée de timbres, toute noire à force d'avoir roulé. Cette lettre lui annonçait que la maison du banquier T***, sur laquelle son argent était placé, venait de faire banqueroute, et était dans l'impossibilité de solder ses créanciers.

Mon oncle était ruiné, il ne lui restait plus rien que sa modique prébende.

Pragmater, à demi-ébranlé dans sa conviction, se faisait, à part lui, de cruels reproches. Berthe pleurait, tout en filant avec une activité triple pour aider en quelque chose.

Le grillon, malade ou irrité, n'avait pas fait entendre sa voix depuis la soirée fatale. Le tournebroche avait inutilement essayé de lier conversation avec lui, il restait muet au fond de son trou.

La cuisine se ressentit bientôt de ce revers de fortune. Elle fut réduite à une simplicité évangélique. Adieu les poulardes blondes, si appétissantes dans leur lit de cresson, la fine perdrix au corset de lard, la truite à la robe de nacre semée d'étoiles rouges! Adieu, les mille gourmandises dont les religieuses et les gouvernantes des prêtres connaissent seules le secret! Le bouilli filandreux avec sa couronne de persil, les choux et les légumes du jardin, quelques quartiers aigus de fromage, composaient le modeste dîner de mon oncle.

Le cœur saignait à Berthe quand il lui fallait servir ces plats simples et grossiers; elle les posait dédaigneusement sur le bord de la table, et en détournait les yeux. Elle se cachait presque pour les apprêter, comme un artiste de haut talent qui fait une enseigne pour dîner. La cuisine, jadis si gaie et si vivante, avait un air de tristesse et de mélancolie.

Le brave Tom lui-même semblait comprendre le malheur qui était arrivé : il restait des journées entières assis sur son derrière, sans se permettre la moindre gambade; le coucou retenait sa voix d'argent et sonnait bien bas; les casseroles, inoccupées, avaient l'air de s'ennuyer à périr; le gril étendait ses bras noirs comme un grand désœuvré; les cafetières ne venaient plus faire la causette auprès du feu; la flamme était toute pâle, et un maigre filet de fumée rampait tristement au long de la plaque.

Mon oncle, malgré toute sa philosophie, ne put venir à bout de vaincre son chagrin. Ce beau vieillard, si gras, si vermeil, si épanoui, avec ses trois mentons et son mollet encore ferme; ce gai convive qui chantait après boire la petite chanson, vous ne l'auriez certainement pas reconnu.

Il avait plus vieilli dans un mois que dans trente ans. Il n'avait plus de goût à rien. Les livres qui lui faisaient le plus de plaisir dormaient oubliés sur les rayons de la bibliothèque. Le magnifique exemplaire (Elzévir) des *Confessions de saint Augustin*, exemplaire auquel il tenait tant et qu'il montrait avec orgueil aux curés des environs, n'était pas remué plus souvent que les autres; une araignée avait eu le temps de tisser sa toile sur son dos.

Il restait des journées entières dans son fauteuil de tapisserie à regarder passer les nuages par les losanges de sa fenêtre, plongé dans une mer de douloureuses réflexions; il songeait avec amertume qu'il ne pourrait plus, les jours de Pâques et de Noël, réunir ses vieux camarades d'école qui avaient mangé avec lui la maigre soupe du séminaire, et se réjouir d'être encore si vert et si gaillard après tant d'anniversaires célébrés ensemble.

Il fallait devenir ménager de ces bonnes bouteilles de vin vieux, toutes blanches de poussière, qu'il tenait sous le sable, au profond de sa cave, et qu'il réservait pour les grandes occasions; celles-là bues, il n'y avait plus d'argent pour en acheter d'autres. Ce qui le chagrinait surtout, c'était de ne pouvoir continuer ses aumônes, et de mettre ses pauvres dehors avec un *Dieu vous garde!*

Ce n'était qu'à de rares intervalles qu'il descendait au jardin; il ne prenait plus aucun intérêt aux plantations de Pragmater, et l'on aurait marché sur les tournesols sans lui faire dire : *Ah!*

Le printemps vint. Ses fleurs avaient beau pencher la tête pour lui dire bonjour, il ne leur rendait pas leur salut, et la gaieté de la saison semblait même augmenter sa mélancolie.

Ses affaires ne s'arrangeant pas, il crut que sa présence serait nécessaire pour les vider entièrement.

Un voyage à *** était pour lui une entreprise aussi terrible que la découverte de l'Amérique : il le différa autant qu'il put; car il n'avait jamais quitté, depuis sa sortie du séminaire, son village, enfoui au milieu des bois comme un nid d'oiseau, et il lui en coûtait beaucoup pour se séparer de son presbytère aux murailles blanches, aux contrevents verts, où il avait si longtemps caché sa vie aux yeux méchants des hommes.

En partant, il remit entre les mains de Berthe une petite bourse assez plate pour subvenir aux besoins de la maison pendant son absence, et promit de revenir bientôt.

Il n'y avait là rien que de fort naturel sans doute; pourtant nous étions profondément émus, et je ne sais pourquoi il me semblait que nous ne le reverrions plus, et que c'était pour la dernière fois qu'il nous parlait. Aussi, Maria et moi, nous l'accompagnâmes jusqu'au pied de la colline, trottant, de toutes nos forces, de chaque côté de son cheval, pour être plus longtemps avec lui.

— Assez, mes petits, nous dit-il; je ne veux pas que vous alliez plus loin, Berthe serait inquiète de vous.

Puis il nous hissa sur son étrier, nous appuya un baiser bien tendre sur les joues, et piqua des deux : nous le suivimes de l'œil pendant quelques minutes.

Étant parvenu au haut de l'éminence, il retourna la tête pour voir encore une fois, avant qu'il s'enfonçât tout à fait sous l'horizon, le clocher de l'église paroissiale et le toit d'ardoise de sa petite maison.

Nous ayant aperçus à la même place, il nous fit un geste amical de la main, comme pour nous dire qu'il était content; puis il continua sa route.

Un angle du chemin l'eut bientôt dérobé à nos yeux.

Alors, un frisson me prit, et les pleurs tombèrent de mes yeux. Il me parut qu'on venait de fermer sur lui le couvercle de la bière, et d'y planter le dernier clou.

— Oh! mon Dieu! dit Maria avec un grand soupir, mon pauvre oncle! il était si bon!

Et elle tourna vers moi ses yeux purs nageant dans un fluide abondant et clair.

Une pie, perchée sur un arbre, au bord de la route, déploya, à notre aspect, ses ailes bigarrées, s'envola en poussant des cris discordants, et s'alla reposer sur un autre arbre.

— Je n'aime pas à entendre les pies, dit Maria, en se serrant contre moi, d'un air de doute et de crainte.

— Bah! répliquai-je, je vais lui jeter une pierre, il faudra bien qu'elle se taise, la vilaine bête.

Je quittai le bras de Maria, je ramassai un caillou, et je le jetai à la pie; la pierre atteignit une branche au-dessus, dont elle écorcha l'écorce : l'oiseau sautilla, et continua ses criailleries moqueuses et enrouées.

— Ah! c'est trop fort! m'écriai-je; tu me veux donc narguer?

Et une seconde pierre se dirigea, en sifflant, vers l'oiseau; mais j'avais mal visé, elle passa entre les premières feuilles et alla tomber, de l'autre côté, dans un champ de luzerne.

— Laisse-la tranquille, dit la petite en posant sa main délicate sur mon épaule, nous ne pouvons l'empêcher.

— Soit, répondis-je.

Et nous continuâmes notre chemin.

Le temps était gris terne, et, quoiqu'on fût au printemps, il soufflait une bise assez piquante; il y avait de la tristesse dans l'air comme aux derniers jours d'automne. Maria était pâle, une légère auréole bleuâtre cernait ses yeux languissants : elle avait l'air fatigué, et s'appuyait plus fortement que d'habitude; j'étais fier de la soutenir, et, quoique je fusse presque aussi las qu'elle, j'aurais marché encore deux heures.

Nous rentrâmes.

Le prieuré n'avait plus le même aspect : lui, naguère si gai, si vivant, il était silencieux et mort; l'âme de la maison était partie, ce n'était plus que le cadavre.

Pragmater, malgré son incrédulité, hochait soucieusement la tête. Berthe filait toujours, et Tom, assis en face d'elle, et agitant gravement sa queue, suivait les mouvements du rouet.

Je me serais mortellement ennuyé sans les promenades que nous allions faire, avec Maria, dans les grands bois, le long des champs, pour prendre des hannetons et des demoiselles.

V

Le grillon ne chantait que rarement, et nous n'entendions plus rien à son chant; nous en vinmes à croire que nous étions le jouet d'une illusion.

Cependant, un soir, nous nous retrouvâmes seuls dans la cuisine, assis tous deux sur la même chaise, comme au jour où il nous avait parlé. Le feu flambait à peine. Le grillon éleva la voix, et nous pûmes parfaitement comprendre ce qu'il disait : il se plaignait du froid. Pendant qu'il chantait, le feu s'était éteint presque tout à fait.

Maria, touchée de la plainte du grillon, s'agenouilla, et se mit à souffler avec sa bouche; le soufflet était accroché à un clou, hors de notre portée.

C'était un plaisir de la voir, les joues gonflées,

illuminées des reflets de la flamme; tout le reste du corps était plongé dans l'ombre : elle ressemblait à ces têtes de chérubin, cravatées d'une paire d'ailes que l'on voit dans les tableaux d'église, dansant en rond autour des gloires mystiques de la Vierge et des saints.

Au bout de quelques minutes, moyennant une poignée de branches sèches que j'y jetai, l'âtre se trouva vivement éclairé, et nous pûmes voir, sur le bord de son trou, notre ami le grillon tendant ses pattes de devant au feu, comme deux petites mains, et ayant l'air de prendre un singulier plaisir à se chauffer; ses yeux, gros comme une tête d'épingle, rayonnaient de satisfaction; il chantait avec une vivacité surprenante, et sur un air très-gai, des paroles sans suite que je n'entendais pas bien, et que je n'ai pas retenues.

Quelques mois se passèrent, pas plus de nouvelles de mon oncle que s'il était mort !

Un soir, Pragmater, ne sachant à quoi tuer le temps, monta dans la bibliothèque pour prendre un livre; quand il ouvrit la porte, un violent courant d'air éteignit sa chandelle; mais, comme il faisait clair de lune, et qu'il connaissait les êtres de la maison, il ne jugea pas à propos de redescendre chercher de la lumière.

Il alla du côté où il savait qu'était placée la bibliothèque. La porte se ferma violemment, comme si quelqu'un l'eût poussée. Un rayon de lune, plus vif et plus chatoyant, traversa les vitres jaunes de la fenêtre.

A sa grande stupéfaction, Pragmater vit descendre sur ce filet de lumière, comme un acrobate sur une corde tendue, un fantôme d'une espèce singulière : c'était le fantôme de mon oncle, c'est-à-dire le fantôme de ses habits; car lui-même était absent : son habit tombait à longs plis, et, au bout des manches vides, une paire de gants moulait ses mains; une perruque tenait la place de sa tête, et à l'endroit des yeux scintillait, comme des vers phosphoriques, une énorme paire de bésicles. Cet étrange personnage entra droit dans la chambre, et se dirigea droit à la bibliothèque; on eût dit que les semelles de ses souliers étaient doublées de velours, car il glissait sur les dalles sans que le moindre craquement, le son le plus fugitif pût faire croire qu'il les eût effleurées.

Après avoir touché et déplacé quelques volumes, il enleva de sa planche le saint Augustin (Elzévir) et le porta sur la table; puis il s'assit dans le grand fauteuil à ramages, éleva un de ses gants à la hauteur où son menton aurait dû être, ouvrit le livre à un passage marqué par un signet de faveur bleue, comme quelqu'un que l'on aurait interrompu, et se prit à lire en tournant les feuillets avec vivacité.

La lune se cacha ; Pragmater crut qu'il ne pourrait point continuer. Mais les verres de ses lunettes, semblables aux yeux des chats et des hiboux, étaient lumineux par eux-mêmes, et reluisaient dans l'ombre comme des escarboucles. Il en partait des lueurs jaunes qui éclairaient les pages du livre, aussi bien qu'une bougie l'eût pu faire. L'activité qu'il mettait à sa lecture était telle, qu'il tira de sa poche un mouchoir blanc, qu'il passa à plusieurs reprises sur la place vide qui représentait son front, comme s'il eût sué à grosses gouttes...

L'horloge sonna successivement, avec sa voix fêlée, dix heures, onze heures, minuit... Au dernier coup de minuit, le fantôme se leva, remit le précieux bouquin à sa place.

Le ciel était gris, les nues, échevelées, couraient rapidement de l'est à l'ouest ; la lune remontra sa face blanche par une déchirure, un rayon parti de ses yeux bleus plongea dans la chambre. Le mystérieux lecteur monta dessus en s'appuyant sur sa canne, et sortit de la même manière qu'il était entré.

Abasourdi de tant de prodiges, mourant de peur,

claquant des dents, ses genoux cagneux se heurtant en rendant un son sec comme une crécelle, le digne maître d'école ne put se tenir plus longtemps sur ses pieds : un frisson de fièvre le prit aux cheveux, et il tomba tout de son long à la renverse. Berthe, ayant entendu la chute, accourut tout effrayée ; elle le trouva gisant sur le carreau, sans connaissance, sa main étreignant la chandelle éteinte.

Pragmater, malgré ses idées voltairiennes, eut beaucoup de peine à s'expliquer la vision étrange qu'il venait d'avoir ; sa physionomie en était toute troublée. Cependant le doute ne lui était pas permis, il était lui-même son propre garant, il n'y avait pas de supercherie possible ; aussi tomba-t-il dans une profonde rêverie, et restait-il des heures entières sur sa chaise, dans l'attitude d'un homme singulièrement perplexe.

Vainement Tom, le brave matou, venait-il frotter sa moustache contre sa main pendante, et Berthe lui demandait-elle, du ton le plus engageant :

— Pragmater, croyez-vous que la vendange sera bonne ?

VI

On n'avait aucune nouvelle de mon oncle.

Un matin, Pragmater le vit raser, comme un oiseau, le sable de l'allée du jardin, sur le bord de laquelle ses soleils favoris penchaient mélancoliquement leurs disques d'or pleins de graines noires ; avec sa main d'ombre, ou son ombre de main, il essayait de relever une des fleurs que le vent avait courbée, et tâchait de réparer de son mieux la négligence des vivants.

Le ciel était clair, un gai rayon d'automne illuminait le jardin ; deux ou trois pigeons, posés sur le toit, se toilettaient au soleil ; une bise nonchalante jouait avec quelques feuilles jaunes, et deux ou trois plumes blanches, tombées de l'aile des colombes, tournoyaient mollement dans la tiède atmosphère. Ce n'était guère la mise en scène d'une apparition, et un fantôme un peu adroit ne se serait pas montré dans un lieu si positif et à une heure aussi peu fantastique.

Une plate-bande de soleils, un carré de choux, des

ognons montés, du persil et de l'oseille, à onze heures du matin, rien n'est moins allemand.

Jacobus Pragmater fut convaincu, cette fois, qu'il n'y avait pas moyen de mettre l'apparition sur le dos d'un effet de lune et d'un jeu de lumière.

Il entra dans la cuisine, tout pâle et tout tremblant, et raconta à Berthe ce qui venait de lui arriver.

— Notre bon maître est mort, dit Berthe en sanglotant : mettons-nous à genoux, et prions pour le repos de son âme !

Nous récitâmes ensemble les prières funèbres. Tom, inquiet, rôdait autour de notre groupe, en nous jetant avec ses prunelles vertes des regards intelligents et presque surhumains; il semblait nous demander le secret de notre douleur subite, et poussait, pour attirer l'attention sur lui, de petits miaulements plaintifs et suppliants.

— Hélas ! pauvre Tom, dit Berthe en lui flattant le dos de la main, tu ne te chaufferas plus, l'hiver, sur le genou de monsieur, dans la belle chambre rouge, et tu ne mangeras plus les têtes de poisson sur le coin de son assiette !

Le grillon ne chantait que bien rarement. La maison semblait morte, le jour avait des teintes blafardes, et ne pénétrait qu'avec peine les vitres jaunes, la poussière s'entassait dans les chambres inoccupées, les araignées jetaient sans façon leur toile d'un angle à l'autre, et provoquaient inutilement le plumeau ; l'ardoise du toit, autrefois d'un bleu si vif et si gai, prenait des teintes plombées, les murailles verdissaient comme des cadavres, les volets se déjetaient, les portes ne joignaient plus ; la cendre grise de l'abandon descendait fine et tamisée sur tout cet intérieur naguère si riant et d'une si curieuse propreté.

La saison avançait ; les collines frileuses avaient déjà sur leurs épaules les rousses fourrures de l'automne, de larges bancs de brouillard montaient du fond de la vallée, et la bruine rayait de ses grêles hachures un ciel couleur de plomb.

Il fallait rester des journées entières à la maison, car les prairies mouillées, les chemins défoncés ne nous permettaient plus que rarement le plaisir de la promenade.

Maria dépérissait à vue d'œil, et devenait d'une beauté étrange ; ses yeux s'agrandissaient et s'illuminaient de l'aurore de la vie céleste ; le ciel prochain y rayonnait déjà. Ils roulaient moelleusement sur leurs longues paupières comme deux globes d'argent bruni, avec des langueurs de clair de lune et des rayons d'un bleu velouté que nul peintre ne saurait rendre : les couleurs de ses joues, concentrées sur le haut des pommettes en petit nuage rose, ajoutaient encore à l'éclat divin de ces yeux surnaturels où se concentrait une vie près de s'envoler; les anges du ciel semblaient regarder la terre par ces yeux-là.

A l'exception de ces deux taches vermeilles, elle était pâle comme de la cire vierge; ses tempes et ses mains transparentes laissaient voir un délicat lacis de veines azurées; ses lèvres décolorées s'exfoliaient en petites pellicules lamelleuses : elle était poitrinaire.

Comme j'avais l'âge d'entrer au collége, mes parents me firent revenir à la ville, d'autant plus qu'ils avaient appris la mort de mon oncle, qui avait fait une chute de cheval dans un chemin difficile, et s'était fendu la tête.

Un testament trouvé dans sa poche instituait Berthe et Pragmater ses uniques héritiers, à l'exception de sa bibliothèque, qui devait me revenir, et d'une bague en diamants de sa mère, destinée à Maria.

Mes adieux à Maria furent des plus tristes; nous sentions que nous ne nous reverrions plus. Elle m'embrassa sur le seuil de la porte, et me dit à l'oreille :

— C'est ce vilain Pragmater qui est cause de tout; il a voulu tuer le grillon. Nous nous reverrons chez le bon Dieu. Voilà une petite croix en perles de couleur que j'ai faite pour toi; garde-la toujours.

Un mois après, Maria s'éteignit. Le grillon ne chanta plus à dater de ce jour-là : l'âme de la maison s'en était allée. Berthe et Pragmater ne lui survécurent pas longtemps ; Tom mourut, bientôt après, de langueur et d'ennui.

J'ai toujours la croix de perles de Maria. Par une délicatesse charmante dont je ne me suis aperçu que plus tard, elle avait mis quelques-uns de ses beaux cheveux blonds pour enfiler les grains de verre qui la composent; chaste amour enfantin si pur, qu'il pouvait confier son secret à une croix !

VII

Ces scènes de ma première enfance m'ont fait une impression qui ne s'est pas effacée; j'ai encore au plus haut degré le sentiment du foyer et des voluptés domestiques.

Comme celle du grillon, ma vie s'est écoulée, près de l'âtre, à regarder les tisons flamber. Mon ciel a été le manteau de la cheminée; mon horizon, la plaque noire de suie et blanche de fumée; un espace de quatre pieds où il faisait moins froid qu'ailleurs, mon univers.

J'ai passé de longues années avec la pelle et la pincette; leurs têtes de cuivre ont acquis sous mes mains un éclat pareil à celui de l'or, si bien que j'en suis venu à les considérer comme une partie intégrante de mon être. La pomme de mes chenets a été usée par mes pieds, et la semelle de mes pantoufles s'est couverte d'un vernis métallique dans ses fréquents rapports avec elle. Tous les effets de lumière, tous les jeux de la flamme, je les sais par cœur; tous les édifices fantastiques que produit l'écroulement d'une bûche ou le déplacement d'un tison, je pourrais les dessiner sans les voir.

Je ne suis jamais sorti de ce microcosme.

Aussi, je suis de première force pour tout ce qui regarde l'intérieur de la cheminée; aucun poëte, aucun peintre n'est capable d'en tracer un tableau plus exact et plus complet. J'ai pénétré tout ce que le foyer a d'intime et de mystérieux, je puis le dire sans orgueil, car c'est l'étude de toute mon existence.

Pour cela, je suis resté étranger aux passions de l'homme, je n'ai vu du monde que ce qu'on en pouvait voir par la fenêtre. Je me suis replié en moi; cependant j'ai vécu heureux, sans regret d'hier, sans désir de demain. Mes heures tombent une à une dans l'éternité, comme des plumes d'oiseau au fond d'un puits, doucement, doucement; et si l'horloge de bois, placée à l'angle de la muraille, ne m'avertissait de leur chute avec sa voix criarde et éraillée comme celle d'une vieille femme, certes je ne m'en apercevrais pas.

Quelquefois seulement, au mois de juin, par un de ces jours chauds et clairs où le ciel est bleu comme la prunelle d'une Anglaise, où le soleil caresse d'un baiser d'or les façades sales et noires des maisons de la ville; lorsque chacun se retire au plus profond de son appartement, abat ses jalousies, ferme ses rideaux, et reste étendu sur sa molle ottomane, le front perlé de gouttes de sueur, je me hasarde à sortir.

Je m'en vais me promener, habillé comme à mon ordinaire, c'est-à-dire en drap, ganté, cravaté et boutonné jusqu'au cou.

Je prends alors dans la rue le côté où il n'y a pas d'ombre, et je marche les mains dans mes poches, le chapeau sur l'oreille et penché comme la tour de Pise, les yeux à demi-fermés, mes lèvres comprimant avec force une cigarette dont la blonde fumée se roule, autour de ma tête, en manière de turban; tout droit devant moi, sans savoir où; insoucieux de l'heure ou de toute autre pensée que celle du présent; dans un état parfait de quiétude morale et physique.

Ainsi je vais... vivant pour vivre, ni plus ni moins qu'un dogue qui se vautre dans la poussière, ou que ce bambin qui fait des ronds sur le sable.

Lorsque mes pieds m'ont porté longtemps, et que je suis las, alors je m'assois au bord du chemin, le dos appuyé contre un tronc d'arbre, et je laisse flotter mes regards à droite, à gauche, tantôt au ciel, tantôt sur la terre.

Je demeure là des demi-journées, ne faisant aucun mouvement, les jambes croisées, les bras pendants, le menton dans la poitrine, ayant l'air d'une idole chinoise ou indienne, oubliée dans le chemin par un bonze ou un bramine.

Pourtant, n'allez pas croire que le temps ainsi passé soit du temps perdu. Cette mort apparente est ma vie.

Cette solitude et cette inaction, insupportables pour

tout autre, sont pour moi une source de voluptés indéfinissables.

Mon âme ne s'éparpille pas au dehors, mes idées ne s'en vont pas à l'aventure parmi les choses du monde, sautant d'un objet à un autre; toute ma puissance d'animation, toute ma force intellectuelle se concentrent en moi; je fais des vers, excellente occupation d'oisif, ou je pense à la petite Maria, qui avait des taches roses sur les joues.

LAQUELLE DES DEUX

HISTOIRE PERPLEXE

L'hiver dernier, je rencontrais assez souvent dans le monde deux sœurs, deux Anglaises; quand on voyait l'une, on pouvait être sûr que l'autre n'était pas loin; aussi les avait-on nommées les belles inséparables.

Il y en avait une brune et une blonde, et, quoique sœurs jumelles, elles n'avaient de commun qu'une seule chose : c'est qu'on ne pouvait les connaître sans les aimer, car c'était bien les deux plus charmantes et, en même temps, les deux plus dissemblables créatures qui se soient jamais rencontrées ensemble. Cependant elles paraissaient s'accorder le mieux du monde.

Je ne sais pas si, par un pur instinct de jeunes filles, elles avaient compris les avantages du contraste, ou bien s'il existait entre elles une véritable amitié ; toujours est-il qu'elles se faisaient valoir l'une l'autre merveilleusement bien, et je pense qu'au fond, c'était le motif de leur union apparente ; car il me semble bien difficile que deux sœurs du même âge, d'une beauté égale quoique différente, ne se haïssent pas cordialement. Il n'en était pas ainsi, et les deux adorables filles étaient toujours côte à côte dans le même coin du salon, s'épaulant l'une à l'autre avec une gracieuse familiarité, ou à demi couchées sur les coussins de la même causeuse ; elles se servaient d'ombre, et ne se quittaient pas une seule minute.

Cela me paraissait bien étrange et faisait le désespoir de tous les fashionnables du cercle ; car il était impossible de dire un mot à Musidora que Clary ne l'entendît ; il était impossible de glisser un billet dans la petite main de Clary sans que Musidora s'en aperçût : c'était vraiment insoutenable. Les deux petites s'amusaient comme deux folles qu'elles étaient de toutes ces tentatives infructueuses, et prenaient un malin plaisir à les provoquer et à les détruire ensuite par quelque saillie enfantine ou quelque boutade inattendue. Il faisait beau voir, je vous jure, la mine piteuse et décontenancée des pauvres dandys, forcés de rengainer leur madrigal ou leur épitre. Mon ami Ferdinand fut tellement étourdi de la déconvenue, qu'il en mit huit jours sa cravate aussi mal qu'un homme marié.

Moi, je faisais comme les autres, j'allais papillonner autour des deux sœurs, m'en prenant tantôt à Clary, tantôt à Musidora, et toujours sans succès. Je m'étais tellement dépité, qu'un certain soir j'eus une sérieuse envie de me faire sauter ce qui me restait de cervelle. Ce qui m'empêcha de le faire, ce fut l'idée que je laisserais la place libre au gilet de Ferdinand, et cette réflexion judicieuse que je ne pourrais pas essayer l'habit que mon tailleur devait m'apporter le lendemain. Je remis mes projets de suicide à une autre fois; mais, en vérité, je ne sais pas encore aujourd'hui si j'ai bien fait ou mal fait.

En examinant bien mon cœur, je fis cette horrible découverte que j'aimais à la fois les deux sœurs : cela est vrai, quoique ce soit abominable, et peut-être même parce que c'est abominable; toutes les deux! Je vous entends d'ici dire, en faisant votre jolie petite moue : « Le monstre! » Je vous assure que je suis pour-

8.

tant le plus inoffensif garçon du monde; mais le cœur de l'homme, quoiqu'il ne soit pas à beaucoup près aussi singulier que celui de la femme, est encore une bien singulière chose, et nul ne peut répondre de ce qui lui arrivera, pas même vous, madame. Il est probable que, si je vous avais connue plus tôt, je n'aurais aimé que vous; mais je ne vous connaissais pas.

Clary était grande et svelte comme une Diane antique; elle avait les plus beaux yeux du monde, des sourcils qu'on aurait pu croire tracés au pinceau, un nez fin et hardiment profilé, un teint d'une pâleur chaude et transparente, les mains fines et correctes, le bras charmant quoiqu'un peu maigre, et les épaules aussi parfaites que peut les avoir une toute jeune fille (car les belles épaules ne naissent qu'à trente ans); bref, c'était une vraie péri!

Avais-je tort?

Musidora avait des chairs diaphanes, une tête blonde et blanche, et des yeux d'une limpidité angélique, des cheveux si fins et si soyeux, qu'un souffle les éparpillait et semblait en doubler le volume, avec cela un tout petit pied et un corsage de guêpe : on l'aurait prise pour une fée.

N'avais-je pas raison?

Après un second examen, je fis une découverte bien plus horrible encore que la première, c'est que je n'aimais ni Clary ni Musidora : Clary seule ne me plaisait qu'à moitié ; Musidora, séparée de sa sœur, perdait presque tout son charme ; quand elles étaient ensemble, mon amour revenait, et je les trouvais toutes deux également adorables. Ce n'était pas de la brune ou la blonde que j'étais épris, c'était de la réunion de ces deux types de beauté que les deux sœurs résumaient si parfaitement ; c'était une espèce d'être abstrait qui n'était pas Musidora, qui n'était pas Clary, mais qui tenait également de toutes deux ; un fantôme gracieux né du rapprochement de ces deux belles filles, et qui allait voltigeant de la première à la seconde, empruntant à celle-ci son doux sourire, à celle-là son regard de feu ; corrigeant la mélancolie de la blonde par la vivacité de la brune, en prenant à chacune ce qu'elle avait de plus choisi, et complétant l'une par l'autre ; quelque chose de charmant et d'indescriptible qui venait de toutes les deux, et qui s'envolait dès qu'elles étaient séparées. Je les avais fondues dans mon amour, et je n'en faisais véritablement qu'une seule et même personne.

Dès que les deux sœurs eurent compris que c'était ainsi et pas autrement que je les aimais, — elles eurent compris cela bien vite, — elles me reçurent mieux et me témoignèrent à plusieurs reprises une préférence marquée sur tous mes rivaux.

Ayant eu l'occasion de rendre quelques services assez importants à la mère, je fus admis dans la maison et bientôt compté au nombre des amis intimes. On y était toujours pour moi; j'allais, je venais; on ne m'appelait plus que par mon nom de baptême; je retouchais les dessins des petites; j'assistais à leurs leçons de musique, on ne se gênait pas devant moi. C'était une position horrible et délicieuse, j'étais aux anges et je souffrais le martyre. Pendant que je dessinais, les deux sœurs se penchaient sur mon épaule; je sentais leur cœur battre et leur haleine voltiger dans mes cheveux : ce sont, en vérité, les plus mauvais dessins que j'aie faits de ma vie; n'importe, on les trouvait admirables. Quand nous étions au salon, nous nous reposions tous les trois dans l'embrasure d'une croisée, et le rideau qui retombait sur nous à longs plis nous faisait comme une espèce de chambre dans la chambre, et nous étions là aussi libres que dans un cabinet; Musidora était à ma gauche, Clary à droite, et je tenais une de leurs mains dans chacune des miennes; nous caquetions comme des pies, c'était un ramage à ne pas s'entendre : les petites parlaient à la fois, et il m'arrivait souvent de donner à Clary la réponse de Musidora, et ainsi de suite ; et quelquefois cela donnait lieu à des à-propos si charmants, à des quiproquos si comiques, que nous nous en tenions les côtes de rire. Pendant ce temps-là, la mère faisait du filet, lisait quelque vieux journal, ou sommeillait à demi dans sa bergère.

— Certainement, ma position était digne d'envie et je n'aurais pu en rêver une plus désirable; cependant je n'étais heureux qu'à moitié : si en jouant j'embrassais Clary, je sentais qu'il me manquait quelque chose et que ce n'était pas un baiser complet; alors, je courais embrasser Musidora, et le même effet se répétait en sens inverse : avec l'une je regrettais l'autre, et ma volupté n'eût été entière que si j'eusse pu les embrasser toutes deux à la fois : ce n'était pas une chose fort aisée.

— Une chose singulière, c'est que les deux charmantes *misses* n'étaient pas jalouses l'une de l'autre : il est vrai que j'avais besoin de répartir mes caresses et mes attentions avec la plus exacte impartialité : malgré cela, ma situation était des plus difficiles, et j'étais dans des transes perpétuelles. Je ne sais pas si l'effet qu'elles produisaient sur moi, elles se le produisaient réciproquement sur elles ; mais je ne puis attribuer à un autre motif la bonne intelligence qui régnait entre nous. Elles se sentaient dépareillées quand elles n'étaient pas ensemble, et comprenaient intérieurement que l'une n'était que la moitié de l'autre, et qu'il fallait qu'elles fussent réunies pour former un tout. A la bienheureuse nuit où elles furent conçues, il est probable que l'Ange qui n'avait apporté qu'une âme, ne comptant pas sur deux jumelles, n'avait pas eu le temps de remonter en chercher une seconde, et l'avait divisée entre les deux petites créatures. Cette folle idée s'était tellement enracinée dans mon esprit, que je les avais débaptisées, et leur avais donné un seul nom pour toutes les deux.

Musidora et Clary étaient en proie au même supplice que moi. Un jour, je ne sais si cela se fit de concert ou par un mouvement naturel, elles arrivèrent en courant à ma rencontre, et se jetèrent tout essoufflées contre ma poitrine. Je penchai la tête pour les embrasser comme c'était ma coutume, elles me prévinrent et me baisèrent à la fois chacune sur une joue ; leurs beaux yeux brillaient d'un éclat extraordinaire, leurs petits cœurs battaient, battaient : peut-être était-ce parce qu'elles avaient couru; mais dans l'instant je ne l'attribuai pas à cela; elles avaient un air ému et satisfait qu'elles n'avaient pas lorsque je les embrassais séparément. C'est que la sensation était simultanée et que ces deux baisers n'étaient effectivement qu'un seul et même baiser, non pas le baiser de Musidora et de Clary, mais celui de la femme complète qu'elles formaient à elles deux, qui était l'une et l'autre et n'était ni l'une ni l'autre, le baiser de la sylphide idéale à qui j'avais donné le nom d'Adorata. Cela était charmant, et je fus heureux au moins trois secondes. Mais cette idée me vint, qu'avec cette manière, j'étais passif et non actif, et qu'il était de ma dignité d'homme de ne pas laisser intervertir les rôles. Je réunis dans une seule de mes mains les doigts effilés de Musidora et de Clary, et je les attirai en faisceau jusque sur mes lèvres; ainsi je leur rendis leur caresse comme elles me l'avaient donnée, et ma bouche toucha la main de Clary en même temps que celle de sa sœur. Elles entrèrent tout de suite dans mon idée, toute subtile qu'elle était, et me jetèrent pour récompense le regard le plus enchanteur que jamais deux femmes en présence aient laissé tomber sur un même homme.

Vous rirez, vous direz que j'étais fou, et que c'est

un très-petit malheur que d'être aimé à la fois de deux charmantes personnes; mais la vérité est que je n'avais jamais été aussi tourmenté de ma vie; j'aurais possédé Clary, j'aurais possédé Musidora, je n'en aurais certes pas été plus heureux : ce que je voulais était impossible, c'était de les avoir toutes les deux en même temps, à la même place. Vous voyez bien que j'avais totalement perdu la tête.

En ce temps-là, il me tomba entre les mains un certain roman chinois de feu le chinois M. Abel de Rémusat; il était intitulé : *Yu-Kiao-Li, ou les Deux Cousines*. Je ne pris pas d'abord un grand plaisir à la description des tasses de thé, et aux improvisations sur les fleurs de pêcher et les branches de saule, qui remplissent les premiers volumes; mais, quand je vins à l'endroit où le bachelier ès lettres See-Yeoupe, déjà amoureux de la première cousine, devient derechef amoureux de l'autre cousine, la belle Yo-Mu-Li, je commençai à prendre intérêt au livre, à cause de ce double amour qui me rappelait ma position, tant il est vrai que nous sommes profondément égoïstes et que nous n'approuvons que ce qui parle de nous. J'attendais le dénoûment avec anxiété, et, quand je vis que le bachelier See-Yeoupe épousait les deux cousines, je vous assure que je me suis surpris à désirer d'être Chinois, rien que pour pouvoir être bigame, et cela, sans être pendu. Il est vrai que je n'aurais pas promené, comme l'honnête Chinois, mon amour alternatif du pavillon de l'est au pavillon de l'ouest; n'importe, je me pris, dès ce jour, d'une singulière admiration pour *Yu-Kiao-Li*, et je le prônai partout comme le plus beau roman du monde.

Excédé d'une situation aussi fausse, je résolus, faute de mieux, de demander une des deux sœurs en mariage, Musidora ou Clary, Clary ou Musidora. Je laissai aller quelques phrases sur le besoin de se fixer, sur le bonheur d'être en ménage, si bien que la mère fit retirer les deux petites et la conversation s'engagea.

— Madame, vous allez me trouver bien étrange, lui dis-je; mon intention formelle est certainement d'épouser une de vos demoiselles, si vous me l'accordez; mais elles me paraissent si aimables toutes deux, que je ne sais laquelle prendre.

Elle sourit et me dit :

— Je suis comme vous, je ne sais laquelle j'aime le mieux; mais avec le temps vous vous déciderez; mes filles sont jeunes, elles peuvent attendre.

Nous en restâmes là.

Trois, quatre mois se passèrent ; j'étais aussi incertain que le premier jour : c'était affreux. Je ne pouvais rester plus longtemps dans la maison sans prendre un parti, je ne pouvais le prendre ; je prétextai un voyage. Les deux petites pleurèrent beaucoup ; la mère me dit adieu avec un air de pitié bienveillante et douce que je n'oublierai jamais ; elle avait compris combien était grand mon malheur. Les deux sœurs m'accompagnèrent jusqu'au bas de l'escalier, et, là, sentant bien que nous ne devions plus nous revoir, me donnèrent chacune une boucle de leurs cheveux. Je n'ai pleuré dans ma vie que cette fois-là et puis une autre ; mais c'est une histoire que je ne vous conterai pas. Je fis tresser les deux mèches ensemble et je les portai sentimentalement sur mon cœur pendant mes six mois d'absence.

A mon retour, j'appris que les deux sœurs étaient mariées, l'une à un gros major qui était toujours ivre et qui la battait ; l'autre à un juge, ou quelque chose comme cela, qui avait les yeux et le nez rouges ; toutes deux étaient enceintes. On peut bien croire que je n'épargnai pas les malédictions à ces deux brutaux, qui n'avaient pas craint de dédoubler cette individualité charmante, faite de deux corps et d'une seule âme, et que je me répandis en invectives furibondes sur le prosaïsme du siècle et l'immoralité du mariage.

La tresse passa de mon cœur dans mon tiroir. Un mois après, je pris une maîtresse.

L'autre jour, Mariette a trouvé ce gage de tendresse en mettant de l'ordre dans mes papiers, et, voyant ces deux boucles, l'une blonde et l'autre brune, elle m'a cru coupable d'une double infidélité, et peu s'en est fallu qu'elle ne m'arrachât les yeux; cela aurait été dommage, car c'est à peu près tout ce que j'ai de beau dans la figure, et les dames prétendent que j'ai un joli regard. J'ai eu toutes les peines du monde à la convaincre de mon innocence, et je crois qu'elle me garde encore rancune.

UNE VISITE NOCTURNE

J'ai un ami, je pourrais en avoir deux; son nom, je l'ignore; sa demeure, je ne la soupçonne pas. Perche-t-il sur un arbre? se terre-t-il dans une carrière abandonnée? Nous autres de la bohème, nous ne sommes pas curieux, et je n'ai jamais pris le moindre renseignement sur lui. Je le rencontre de loin en loin, dans des endroits invraisemblables, par des temps impossibles. Suivant l'usage des romanciers à la mode, je devrais vous donner le signalement de cet ami inconnu; je présume que son passe-port doit être rédigé ainsi : « Visage ovale, nez ordinaire, bouche moyenne, menton rond, yeux bruns, cheveux châtains; signes distinctifs : aucun. « C'est cependant un homme très-singulier. Il m'aborde toujours en criant comme Archimède : « J'ai trouvé! » car mon ami est un inventeur. Tous les jours, il fait le plan d'une machine nouvelle. Avec une demi-douzaine de gaillards pareils, l'homme deviendrait inutile dans la création. Tout se fait tout seul : les mécaniques sont produites par d'autres mécaniques, les bras et les jambes passent à l'état de pures superfluités. Mon ami, vrai puits de Grenelle de science, ne néglige rien, pas même l'alchimie. Le Dragon vert, le Serviteur rouge et la Femme blanche sont à ses ordres; il a dépassé Raymond Lulle, Paracelse, Agrippa, Cardan, Flamel et tous les hermétiques.

— Vous avez donc fait de l'or? lui dis-je un jour d'un air de doute, en regardant son chapeau presque aussi vieux que le mien.

— Oui, me répondit-il avec un parfait dédain, j'ai eu cet enfantillage; j'ai fabriqué des pièces de vingt francs qui m'en coûtaient quarante; du reste, tout le monde fait de l'or, rien n'est plus commun : Esq., d'Abad., de Ru., en ont fait; c'est ruineux. J'ai aussi composé du tissu cellulaire en faisant traverser des blancs d'œufs par un courant électrique; c'est un bifteck médiocre et qui ressemble toujours un peu à de l'omelette. J'ai obtenu le poulet à tête humaine, et la mandragore qui chante, deux petits monstres assez désagréables; comme maître Wagner, j'ai un homonculus dans un flacon de verre; mais, décidément, les femmes sont de meilleures mères que les bouteilles. Ce qui m'occupe maintenant, c'est de sortir de l'atmosphère terrestre. Peut-être Newton s'est-il trompé, la loi de la gravitation n'est vraie que pour les corps : les corps se précipitent, mais les gaz remontent. Je voudrais me jeter du haut d'une tour et tomber dans la lune. Adieu!

Et mon ami disparut si subitement, que je dus croire qu'il était rentré dans le mur comme Cardillac.

Un soir, je revenais d'un théâtre lointain situé vers le pôle arctique du boulevard; il commençait à tomber une de ces pluies fines, pénétrantes, qui finissent par percer le feutre, le caoutchouc, et toutes les étoffes qui abusent du prétexte d'être imperméables pour sentir la poix et le goudron. Les voitures de place étaient partout, excepté, bien entendu, sur les places. A la douteuse clarté d'un réverbère qui faisait des tours d'acrobate sur la corde lâche, je reconnus mon ami.

qui marchait à petits pas comme s'il eût fait le plus beau temps du monde.

— Que faites-vous maintenant? lui dis-je en passant mon bras sous le sien.

— Je m'exerce à voler.

— Diable! répondis-je avec un mouvement involontaire et en portant la main sur ma poche.

— Oh! je ne travaille pas à la tire, soyez tranquille, je méprise les foulards; je m'exerce à voler, mais non sur un mannequin chargé de grelots comme Gringoire dans la cour des Miracles. Je vole en l'air, j'ai loué un jardin du côté de la barrière d'Enfer, derrière le Luxembourg, et, la nuit, je me promène à cinquante ou soixante pieds d'élévation; quand je suis fatigué, je me mets à cheval sur un tuyau de cheminée. C'est commode.

— Et par quel procédé?...

— Mon Dieu, rien n'est plus simple.

Et, là-dessus, mon ami m'expliqua son invention; en effet, c'était fort simple, simple comme les deux verres qui, posés aux deux bouts d'un tube, font apercevoir des mondes inconnus, simple comme la boussole, l'imprimerie, la poudre à canon et la vapeur.

Je fus très-étonné de ne pas avoir fait moi-même cette découverte ; c'est le sentiment qu'on éprouve en face des révélations du génie.

— Gardez-moi le secret, me dit mon ami en me quittant. J'ai trouvé pour ma découverte un prospectus fort efficace. Les annonces des journaux sont trop chères, et, d'ailleurs, personne ne les lit ; j'irai de nuit m'asseoir sur le toit de la Madeleine, et, vers onze heures du matin, je commencerai une petite promenade d'agrément au-dessus de la zone des réverbères ; promenade que je prolongerai en suivant la ligne des boulevards jusqu'à la place de la Bastille, où j'irai embrasser le génie de la liberté sur sa colonne de bronze.

Cela dit, l'homme singulier me quitta. Je ne le revis plus pendant trois ou quatre mois.

Une nuit, je venais de me coucher, je ne dormais pas encore. J'entendis frapper distinctement trois coups contre mes carreaux. J'avouerai courageusement que j'éprouvai une frayeur horrible. Au moins si ce n'était qu'un voleur, m'écriai-je dans une angoisse d'épouvante, mais ce doit être le diable, l'inconnu, celui qui rôde la nuit, *quærens quem devoret*. On frappa encore, et je vis se dessiner à travers la vitre des traits qui ne m'étaient pas étrangers. Une voix prononça mon nom et me dit :

— Ouvrez donc, il fait un froid atroce.

Je me levai. J'ouvris la fenêtre, et mon ami sauta dans la chambre. Il était entouré d'une ceinture gonflée de gaz; des ligatures et des ressorts couraient le long de ses bras et de ses jambes; il se défit de son appareil et s'assit devant le feu, dont je ranimai les tisons. Je tirai de l'armoire deux verres et une bouteille de vieux bordeaux. Puis je remplis les verres, que mon ami avala tous deux par distraction, c'est-à-dire dont il avala le contenu. Sa figure était radieuse. Une espèce de lumière argentée brillait sur son front, ses cheveux jouaient l'auréole à s'y méprendre.

— Mon cher, me dit-il après une pause, j'ai réussi tout à fait; l'aigle n'est qu'un dindon à côté de moi. Je monte, je descends, je tourne, je fais ce que je veux, c'est moi qui suis Raimond le roi des airs. Et cela, par un moyen si facile, si peu embarrassant! mes ailes ne coûtent guère plus qu'un parapluie ou une paire de socques. Quelle étrange chose! Un petit calcul grand comme la main, griffonné par moi sur le dos d'une carte, quelques ressorts arrangés par moi d'une certaine manière, et le monde va être changé.

Le vieil univers a vécu; religion, morale, gouvernement tout sera renouvelé. D'abord, revêtu d'un costume étincelant, je descendrai de ce que jusqu'à présent l'on a appelé le ciel et je promulguerai un petit décalogue de ma façon. Je *révélerai* aux hommes le secret de voler. Je les délivrerai de l'antique pesanteur; je les rendrai semblables à des anges, on serait Dieu à moins. Beaucoup le sont qui n'en ont pas tant fait. Avec mon invention, plus de frontières, plus de douanes, plus d'octroi, plus de péages; l'emploi d'invalide au pont des Arts deviendra une sinécure. Allez donc saisir un contrebandier passant des cigares à trente mille pieds du niveau de la mer; car, au moyen d'un casque rempli d'air respirable que j'ai ajouté à mon appareil comme appendice, on peut s'élever à des hauteurs incommensurables. Les fleuves, les mers ne séparent plus les royaumes. L'architecture est renversée de fond en comble; les fenêtres deviennent des portes, les cheminées des corridors, les toits des places publiques. Il faudra griller les cours et les jardins comme des volières. Plus de guerre; la stratégie est inutile, l'artillerie ne peut plus servir; pointez donc les bombes contre les hommes qui passent au-dessus des nuages et essuient leurs bottes sur la tête des condors. Dans quelque temps d'ici, comme on rira des chemins de fer, de ces marmites qui courent sur des tringles en fer et font à peine dix lieues à l'heure !

Et mon ami ponctuait chaque phrase d'un verre de vin. Son enthousiasme tournait au dithyrambe, et, pendant deux heures, il ne cessa de parler sur ce ton, décrivant le nouveau monde, que son invention allait nécessiter, avec une richesse de couleurs et d'images à désespérer un disciple de Fourier. Puis, voyant que le jour allait paraître, il reprit son appareil et me promit de venir bientôt me rendre une autre visite. Je lui ouvris la fenêtre, il s'élança dans les profondeurs grises du ciel, et je restai seul, doutant de moi-même et me pinçant pour savoir si je veillais ou si je dormais.

J'attends encore la seconde visite de mon ami-volatile et ne l'ai plus rencontré sur aucun boulevard, même extérieur. Sa machine l'a-t-elle laissé en route ? S'est-il cassé le cou ou s'est il noyé dans un océan quelconque ? A-t-il eu les yeux arrachés par l'oiseau Rock sur les cimes de l'Himalaya ? C'est ce que j'ignore profondément. Je vous ferai savoir les premières nouvelles que j'aurai de lui.

SYLVAIN

Henri Heine, dans un charmant article, a décrit les occupations et les déguisements des dieux en exil; il nous a montré, après l'avènement triomphal du christianisme, les olympiens forcés de quitter leurs célestes demeures, comme au temps de la guerre des Titans, et s'adonnant à diverses professions en harmonie avec le prosaïsme de l'ère nouvelle; sans les renseignements positifs qu'il a recueillis de la bouche de Nichol Anderson, le baleinier, nous ignorerions que Zeus, le dieu au noir sourcil et à la chevelure ambrosienne, est devenu un simple marchand de peaux de lapin comme l'ami du pair de France d'Henry Monnier, et qu'il vit de cet humble commerce au milieu d'une petite île de la mer polaire, entre son vieil aigle à demi déplumé et la chèvre Amalthée aux pis éternellement roses, répondant en dactyles et en spondées homériques aux demandes de ses rares clients; nous ne saurions pas non plus qu'Ampelos, jetant la nuit le froc de moine qui le couvre le jour, célèbre, avec toute la pompe antique, les mystères des bacchanales, au fond des forêts de la Thuringe, en compagnie du père cellerier, transformé en Silène, et des jeunes novices reprenant le pied de bouc de l'ægipan, ou la peau de tigre de la mimallone. C'est par lui encore que nous avons appris le sort d'Hermès-Psychopompos, actuellement entrepreneur du transport des âmes sous l'habit de ratine d'un négociant hollandais, ainsi que celui de la sage Pallas-Athéné, réduite à ravauder des bas, et de la dévergondée Aphrodite, arrivée, comme une lorette vieillie, à faire des ménages et à poser des sangsues. — Mais le poëte allemand, si bien informé, d'ailleurs, n'a rien dit du dieu Sylvain; nous sommes en état de combler cette lacune. Sylvain, que l'on croit mort depuis deux mille ans, existe, et nous l'avons retrouvé : il s'appelle Denecourt. Les hommes s'imaginent qu'il a été soldat de Napoléon, et ils ont pour eux les apparences; mais, comme vous le savez, rien n'est plus trompeur que les apparences. Si vous interrogez les habitants de Fontainebleau, ils vous répondront que Denecourt est un bourgeois un peu singulier qui aime à se promener dans la forêt. Et, en effet, il n'a pas l'air d'être autre chose; mais examinez-le de plus près, et vous verrez se dessiner sous la vulgaire face de l'homme la physionomie du dieu sylvestre : son paletot est couleur bois, son pantalon noisette; ses mains, halées par l'air, font saillir des muscles semblables à des nervures de chêne : ses cheveux mêlés ressemblent à des broussailles; son teint a des nuances verdâtres, et ses joues sont veinées de fibrilles rouges comme les feuilles aux approches de l'automne; ses pieds mordent le sol comme des racines, et il semble que ses doigts se divisent en branches; son chapeau se découpe en couronne de feuillage, et le côté végétal apparaît bien vite à l'œil attentif.

C'est sous la protection de ce dieu sans ouvrage que prospère cette belle forêt de Fontainebleau, si aimée des peintres; c'est par lui que les chênes prennent ces dimensions énormes et ces attitudes bizarres qui retiennent des mois entiers Rousseau, Diaz et Decamps au Bas-Bréau; c'est lui qui dégage des amas de sable les roches singulières; qui fait filter l'eau de diamant sous le velours des mousses; qui fraye le chemin aux fourrés secrets, aux taillis mystérieux, aux perspectives inattendues; qui écrase sous son talon la vipère à tête plate et entr'ouvre les branches pour laisser passer le chevreuil poursuivi.

Souvent l'artiste, sa boîte au dos, s'engage au hasard dans la forêt touffue et profonde. Les masses de verdure voilent l'horizon. Les roches se dressent comme des murailles, le chemin aboutit à un fort impénétrable où les fauves peuvent à peine se glisser. Mais tout à coup une main invisible écarte le feuillage, entre deux troncs satinés et plaqués de velours vert, une étroite sente se dessine comme foulée par le pied furtif des fées et des nymphes bocagères; les épines se rangent, les ronces dénouent leurs filaments, les rameaux se redressent comme dans les forêts enchantées, quand on a prononcé le mot magique; la route devient aisée, quoique presque invisible. Aux carrefours douteux, vous trouvez sur les pierres blanches des flèches qu'on croirait tombées du carquois de Diane; leur pointe vous dirige vers le but: un grès d'une difformité curieuse, une grotte aux accidents pittoresques, un arbre séculaire ou historique, un point de vue d'une étendue immense. Pendant que vous cheminez vous entendez parfois remuer dans les feuilles, vous croyez que c'est un oiseau effrayé qui s'enfuit, un lapin qui regagne son gîte ; nullement : c'est Sylvain qui vous accompagne de sa protection bienveillante, et rit doucement lorsqu'il voit l'admiration pour sa chère forêt se peindre sur votre figure ; confiez-vous à lui et n'ayez aucune crainte, il vous ramènera toujours à l'auberge où le poulet se dore devant le foyer, où l'écume rose du vin mousse à la gueule du broc, et, pour cela, vous n'aurez pas besoin de lui offrir des sacrifices comme au temps où son effigie de marbre, couronnée de feuilles et de pommes de pin, se dessinait blanche sur le fond sombre des bois de Grèce et d'Italie. Tant d'exigence n'irait pas à un dieu tombé. Quelquefois, la nuit, il rencontre Irmensul, le dieu gaulois rentré depuis des siècles dans le cœur des chênes, où l'on taillait à coups de serpe sa grossière image, et ce sont entre eux de touchants dialogues sur la dureté des temps, sur les ravages que fait la hache dans les bois sacrés, sur la moqueuse impiété et la noire ingratitude des mortels.

— Hélas ! se disent-ils, la verte chevelure de la mère

Cybèle tombe boucle à boucle, et bientôt apparaîtra tout nu le crâne chauve de la terre ! Tâchons, au moins, de sauver la forêt de Fontainebleau !

La femme légale de Denecourt, qui ne sait pas être l'épouse de Sylvain, que quelques mythologues confondent avec le grand Pan, dont une voix lamentable proclama la mort il y a tantôt vingt siècles, ne comprit pas l'amour de son mari pour la forêt, et sa jalousie s'alarma de si longues absences ; elle crut à des rendez-vous vulgaires, à des voluptés illégitimes sous la tente verte des feuilles. Le dieu Sylvain fut suivi, épié, et l'épouse se rassura en ne voyant jamais un chapeau de paille orné d'une fleur l'accompagner dans ses promenades solitaires, ni une jupe adultère s'étaler à côté de lui sur le gazon, pendant ses haltes méditatives. Quelquefois, Sylvain tenait embrassé le fût rugueux d'un chêne ; mais qui songerait à être jalouse d'un arbre ? Elle ne savait pas, la bonne dame, que sous la rude écorce palpite, aux approches du dieu, le tendre sein de la jeune et belle hamadryade qui n'a rien à refuser au maître de la forêt, et pour lui dépouille son épaisse tunique ligneuse frangée de mousse d'or. Et alors s'accomplissait le mystérieux hymen ; le soleil brillait plus vif, la végétation redoublait d'activité et de fraîcheur, des bourgeons gonflés de séve éclataient sur les branches mortes, l'herbe poussait haute et drue, la source babillait sous le manteau vert du cresson, les oiseaux improvisaient de superbes chansons, et l'antique forêt, reverdie et rajeunie, tressaillait d'aise jusque dans ses plus intimes profondeurs.

LA FAUSSE CONVERSION

OU

BON SANG NE PEUT MENTIR

PERSONNAGES

LE DUC.
LE CHEVALIER.
LE COMMANDEUR.
LE MARQUIS.
M. DE VAUDORÉ.

SAINT-ALBIN.
CÉLINDE.
LA ROSIMÈNE.
FLORINE.
SUZON.

L'AVERTISSEUR.

SCÈNE PREMIÈRE

Un salon.

FLORINE, LE DUC, LE CHEVALIER, M. DE VAUDORÉ, LE COMMANDEUR, LE MARQUIS.

FLORINE.

Mes chers seigneurs, je ne puis que vous répéter ce que je vous ai déjà dit : ma maîtresse n'y est pas.

LE DUC.

Ceci est de la dernière fausseté! je l'ai vue, en descendant de ma chaise, le front appuyé à la vitre de sa fenêtre.

LE CHEVALIER.

Je ne croirai qu'elle n'y est pas que si elle vient nous le dire elle-même.

LE DUC.

Nous prend-elle pour des créanciers, ou pour des hommes de lettres qui viennent lui offrir des dédicaces?

M. DE VAUDORÉ.

Nous ne sommes pas des drôles et des maroufles sans consistance; — cette consigne ne nous regarde pas. — Messieurs, vous n'avez pas la vraie manière d'interroger les soubrettes. (Il tire sa bourse.) — Tiens, Florine, sois franche, ta maîtresse est chez elle.

FLORINE.

Oui, monsieur.

M. DE VAUDORÉ.

Je savais bien, moi, que je la ferais parler.

LE CHEVALIER.

Voilà qui est féroce de se celer de la sorte à des amis tels que nous, qui n'avons jamais manqué un de ses soupers. Quelle ingratitude!

M. DE VAUDORÉ.

Fais-nous entrer, petite.

FLORINE.

Votre éloquence est bien persuasive, monsieur; mais je me vois, bien à regret, forcée de garder votre bourse sans vous ouvrir la porte.

M. DE VAUDORÉ.

Ah çà! mais, Florine, tu es pire que Cerbère : tu prends le gâteau, et tu ne laisses point passer.

FLORINE.

Je connais mes devoirs.

LE DUC.

Puisque les choses en sont là, je suis décidé à faire le siége de la maison; je vais établir un pétard sous la porte ou pousser une mine jusque dans l'alcôve de Célinde. Je sais où elle est, Dieu merci!

FLORINE.

M. le duc est un homme terrible!

M. DE VAUDORÉ, à part.

J'ai bien envie de retourner faire ma cour à la Rosimène; il est vrai qu'elle m'a reçu fort durement. Être chassé, ou ne pas être admis, les chances sont égales; je reste... Mon Dieu, qu'en ce siècle de corruption, il est difficile d'avoir une affaire de cœur!

LE CHEVALIER.

Allons, Florine, ne nous tiens pas rigueur; il n'est pas dans tes habitudes d'être cruelle.

FLORINE.

Vous aimez à vous faire répéter les choses. Ma maîtresse est chez elle, c'est vrai, mais c'est comme si elle n'y était pas. Madame ne veut recevoir personne, ni aujourd'hui, ni demain, ni après; c'est une chose résolue; nous voulons vivre désormais loin du bruit et du monde, dans une solitude inaccessible.

LE DUC.

Tra deri dera! nous y mettrons bon ordre; nous n'avons pas envie de mourir d'ennui tout vifs. Nous poursuivrons Célinde jusqu'au fin fond de sa thébaïde. Que diable! après avoir montré à ses amis un si joli visage pétri de lis et de roses, on ne leur fait pas baiser une figure de bois de chêne étoilée de clous d'acier.

LE COMMANDEUR.

Célinde, la perle de nos soupers! Célinde qui trempait si gaillardement ses jolies lèvres roses dans la mousse du vin de Champagne, moins pétillant qu'elle!

LE MARQUIS.

Célinde qui chantait si bien les couplets au dessert,

qui nous amusait tant! Célinde, ce sourire de notre joie, cette étoile de nos folles nuits!

LE CHEVALIER.

Elle se retire du monde.

LE DUC.

Elle se fait ermite et vertueuse.

LE CHEVALIER.

C'est ignoble!

LE DUC.

C'est monstrueux!

M. DE VAUDORÉ, à Florine.

Que faites-vous donc ainsi, claquemurées? A quoi passez-vous votre temps?

FLORINE.

Nous lisons *le Contrat social*, et nous étudions la philosophie.

LE COMMANDEUR.

Je gage que votre philosophie a des moustaches et des éperons.

LE MARQUIS.

Célinde est amoureuse d'un nègre ou d'un poëte, pour le moins.

LE DUC.

Quelque espèce de ce genre.

LE CHEVALIER.

Fi donc! Célinde est une fille qui a des sentiments et qui n'aime qu'en bon lieu; c'est un caprice qui ne peut durer.

LE COMMANDEUR.

Comment allons-nous faire pour nous ruiner?

LE MARQUIS

Elle avait une fantaisie inventive à dessécher en un an la plus riche veine des mines du Pérou. Il faudra maintenant trouver nous-mêmes la manière de dépenser notre argent. Son absence se fait cruellement sentir. Vous n'allez pas me croire, tant c'est ridicule, mais il y a plus de quinze jours que je n'ai rien emprunté; je ne sais que faire de mes richesses. Tiens, duc, veux-tu que je te prête mille louis?

LE DUC.

Merci; je joue du soir au matin pour me préserver d'une congestion pécuniaire.

LE MARQUIS.

Il faut y prendre garde, c'est grave. Vois plutôt ce gros financier, il est bourré d'écus, de louis, de doublons et de quadruples que son gilet mordoré a toutes les peines du monde à contenir, il va éclater un de ces jours, il mourra d'or fondu.

LE DUC.

Il n'y avait que Célinde pour empêcher de pareils malheurs.

LE CHEVALIER.

Qu'allons-nous faire aujourd'hui ?

LE DUC.

Ma foi, je ne sais, mon cher ; je m'étais arrangé dans l'idée de passer ma soirée chez Célinde. Du diable si j'imagine rien.

LE COMMANDEUR.

Parbleu ! restons. Si Célinde ne veut pas y être, ce n'est pas notre faute. Nous sommes ici un peu chez nous, d'ailleurs.

LE DUC.

J'ai donné la maison.

LE COMMANDEUR.

Moi, l'ameublement.

LE MARQUIS.

Moi, la livrée et les équipages.

LE CHEVALIER.

Nous sommes ici en hôtel garni...

TOUS.

Par nous.

LE COMMANDEUR.

Restons-y.

LE CHEVALIER.

Voilà des cartes; faisons un whist.

FLORINE.

Y pensez-vous messieurs ? Vous oubliez que vous n'êtes pas chez vous.

LE DUC.

Au contraire, ma belle, nous nous en souvenons. A combien la fiche, monsieur le chevalier ?

LE CHEVALIER.

A un louis, pour commencer.

FLORINE.

Messieurs, de grâce...!

LE CHEVALIER.

Si tu dis un mot de plus, Florine, on te fera embrasser M. de Vaudoré, qui est aujourd'hui dans un de ses beaux jours de laideur.

FLORINE.

Je vous cède la place, et vais informer ma maîtresse de ce qui se passe.

LE DUC.

Ce serait vraiment un meurtre de laisser prendre à une aussi jolie fille que Célinde des habitudes sauvages et gothiques; maintenons-la malgré elle dans la bonne route, et ne lui laissons pas perdre les traditions de la belle vie élégante.

LE CHEVALIER.

La voici elle-même; notre obstination a produit son effet.

SCÈNE II

Les Mêmes, CÉLINDE.

LE DUC.

Ma toute belle, vous voilà donc enfin! Vous voyez ici un duc, un marquis, un commandeur, un chevalier, et même un financier, qui se meurent de votre absence. D'où vous vient cette cruauté tout à fait hyrcanienne, qui vous rend insensible aux soupirs de tant d'adorateurs? Ce pauvre chevalier en a perdu le peu de sens qu'il avait; il se néglige, ne se fait plus friser que trois fois par jour, et porte la même montre toute une semaine. C'est un homme perdu.

CÉLINDE.

Monsieur, cessez vos plaisanteries, je ne suis pas d'humeur à les souffrir, et dites-moi pourquoi vous restez chez moi de force et malgré mes ordres? Est-ce parce que je suis danseuse et que vous êtes duc?

LE DUC.

La violence de mon désespoir m'a rendu impoli. Je n'avais pas d'autre moyen ; je l'ai pris.

LE CHEVALIER.

Vous manquez à tout Paris.

LE COMMANDEUR.

L'univers est fort embarrassé de sa personne et ne sait que devenir.

LE DUC.

Si vous saviez comme Vaudoré devient stupide, depuis qu'il ne vous voit plus !

CÉLINDE.

Vous voulez absolument que je quitte la place. Cette obstination est étrange : vouloir visiter les gens en dépit d'eux !

LE COMMANDEUR.

Méchante ! est-ce que l'on peut vivre sans vous ?

CÉLINDE.

Je vous assure que je n'ai pas la moindre envie de vous voir ; et que je ne forcerai jamais votre porte. Retirez-vous, de grâce : c'est le seul plaisir que vous puissiez me faire.

M. DE VAUDORÉ, à part.

Oh ! le petit démon ! Décidément, je ne lui parlerai

pas de ma flamme, et je garderai pour une occasion meilleure ce petit quatrain galant écrit au dos d'une traite de cinquante mille écus que j'avais apportée tout exprès dans ma poche. Je crois, en vérité, que la Rosimène est encore d'humeur moins revêche. Il me prend je ne sais quelles envies d'y retourner.

LE CHEVALIER.

Cela n'est pas aimable. Nous traiter ainsi, nous, vos meilleur amis !

CÉLINDE.

Vous n'êtes pas mes amis, je l'espère, quoique vous remplissiez ma maison. Mes jours couleront désormais dans la retraite. Je ne veux plus voir personne.

LE DUC.

Personne, à la bonne heure ; mais, moi, je suis quelqu'un.

CÉLINDE.

Laissez-moi vivre à ma guise. Oubliez-moi, cela ne vous sera pas difficile. Assez d'autres me remplaceront : vous avez Daphné, Laurina, Lindamire, tout l'Opéra, toute la Comédie. On vous recevra à bras ouverts. Je vous ai assez amusés ; j'ai assez chanté, assez dansé à vos fêtes et à vos soupers ; que me voulez-vous ? Vous avez eu ma gaieté, mon sourire, ma beauté, mon talent.

Que ne puis-je vous les reprendre! Vous avez cru payer tout cela avec quelques poignées d'or. Ennuyez-vous tant qu'il vous plaira, que m'importe? D'ailleurs, je ne vous amuserais guère, mon caractère a changé totalement. J'ai senti le vide de cette frivolité brillante. Pour avoir trop connu les autres, le goût des plaisirs simples m'est venu. Je veux réfléchir et penser, c'est assez vous dire qu'il ne peut plus y avoir rien de commun entre nous.

LE CHEVALIER.

C'est Célinde qui parle ainsi?

CÉLINDE.

Oui, moi. Qu'y a-t-il donc là de si étonnant? Cela ne me plaît plus de rire, je ne ris plus. Je ne veux voir personne, je ferme ma porte, voilà tout.

LE COMMANDEUR.

Quel caprice singulier que d'éteindre, au moment de son plus vif éclat, un des astres les plus lumineux du ciel de l'Opéra!

CÉLINDE.

Rien n'est plus simple!: je vous divertis et vous ne me divertissez pas. Croyez-vous, monsieur le duc, qu'il soit si agréable de voir toute une soirée M. le marquis, renversé dans un fauteuil, dandiner une de ses jambes, tirer de sa poche un petit miroir, et se faire à lui-même les mines les plus engageantes ?

LE DUC.

En effet, ce n'est pas fort gai.

CÉLINDE.

Et vous, chevalier, trouvez-vous que M. le duc, qui ne fait que parler de sa meute, de ses chevaux et de ses équipages, et qui est sur tout ce qui regarde l'écurie d'une profondeur à désespérer un palefrenier anglais, soit réellement un personnage fort récréatif ?

LE CHEVALIER.

C'est vrai que la conversation n'est pas le fort de ce pauvre duc.

CÉLINDE.

Commandeur, vous n'êtes plus que l'ombre de vous-même ; votre principal mérite consiste à être grand mangeur et grand buveur ; vous n'êtes pas un homme, vous êtes un estomac ; vous avez baissé d'un dindon, et six bouteilles seulement vous troublent la cervelle ; vous vous endormez après dîner, dormez chez vous.

M. DE VAUDORÉ.

Que les apparences sont trompeuses ! moi qui la croyais si douce et si charmante !

CÉLINDE.

Quant à M. de Vaudoré, c'est un sac d'écus avec un habit et un jabot ; qu'on le serre dans un coffre-fort, c'est sa place.

TOUS.

Bien dit, bien dit ; elle a toujours de l'esprit comme un diable.

LE DUC.

Vous ne voulez pas venir à Marly ?

CÉLINDE.

Non.

LE CHEVALIER.

Au concert de musique qui se donne aux Menus, et où l'on entendra ce fameux chanteur étranger ?

CÉLINDE.

Non, vous dis-je !

LE COMMANDEUR.

Il vient de m'arriver du Périgord certaines maîtresses truffes qui ne seraient pas méchantes arrosées d'un petit vin que j'ai, dans un coin de ma cave connu de moi seul ; venez souper avec nous.

CÉLINDE.

Non, non, mille fois non ! je ne veux plus vivre que

de fraises et de crème ; tous vos mets empoisonnés ne me tentent pas.

LE COMMANDEUR.

Des mets empoisonnés, des truffes de premier choix ! Ne répétez pas ce que vous venez de dire, ou vous seriez perdue de réputation. Pour que vous teniez de semblables propos, il faut qu'il se soit passé quelque chose d'étrange dans votre esprit. Vous avez lu de mauvais livres, ou vous êtes amoureuse, ce qui est de pauvre goût, et bon seulement pour les couturières.

CÉLINDE, à part.

Ils ne s'en iront pas. S'ils se rencontraient avec Saint-Albin !

LE DUC.

Vous brûlez d'un amour épuré pour quelqu'un de naissance ambiguë que vous n'osez produire, un courtaud de boutique, un soldat, un barbouilleur de papier. Prenez-y garde, Célinde, vous ne pouvez descendre plus bas que les barons. Il faut être duchesse ou reine pour se permettre le caprice d'un laquais ou d'un poëte, sans que cela tire à conséquence. Voilà ce que j'avais à vous dire dans votre intérêt. Maintenant, je vous abandonne à votre malheureux sort. Messieurs, puisque Célinde est si peu hospitalière aujourd'hui, venez passer la nuit chez moi. Nous boirons, et, au dessert, Lindamire et Rosimène danseront sur la table un pas nouveau avec accompagnement de verres cassés. Madame, je mets mes regrets à vos pieds.

M. DE VAUDORÉ.

J'avais pourtant bien envie de lui glisser mon quatrain !

SCÈNE III

CÉLINDE, seule.

Partis enfin ! cela a été difficile. Ils avaient ici leurs habitudes; ils étaient à l'aise comme chez eux, plus que chez eux. Une danseuse, une fille de théâtre, cela ne gêne pas; c'est comme un chat familier, une levrette qui joue par la chambre. Ah ! mes chers marquis, je vous hais de toute mon âme. Étaient-ils naïvement insolents! quel ton de maître ils prenaient ! ils se seraient volontiers passés de moi dans ma maison; mais où avais-je la tête, où avais-je le cœur, de ne point voir cela, de ne m'en être aperçue qu'aujourd'hui ? Il ont toujours été ainsi ; moi seule suis différente : Célinde la danseuse, Célinde la folle créature, la perle des soupers, comme ils disent, Célinde n'est plus; il est né en moi une nouvelle femme. Depuis que j'ai lu les œuvres du philosophe de Genève, mes yeux se sont dessillés. Je n'avais jamais aimé. Je n'avais pas rencontré Saint-Albin, ce jeune homme à l'âme honnête, au cœur enthousiaste, épris des charmes de la vertu et des beautés de la nature, qui chaque soir, après l'Opéra, déclame si éloquemment dans mon boudoir contre la corruption des villes, et fait de si charmants tableaux de la vie innocente des pasteurs ! Quelle sensibilité naïve ! quelle fraîcheur d'émotions et quelle jolie figure ! Non, Saint-Preux lui-même n'est pas plus passionné. S'il avaient su, ces marquis imbéciles, que j'adore un jeune précepteur portant le nom tout simple de Saint-Albin, un frac anglais et des cheveux sans poudre, ils n'auraient pas eu assez de brocards, assez de plaisanteries... Mais le temps presse... C'est ce soir que je dois quitter ces lieux, théâtre de ma honte... J'ai écrit à Francœur que je rompais mon engagement. Renvoyons ces présents, prix de coupables faiblesses. (Elle sonne.) Florine, reporte ces bracelets à M. le duc, cette rivière au chevalier.

SCÈNE IV

CÉLINDE. SAINT-ALBIN.

CÉLINDE.

Enfin ! J'ai cru que vous ne viendriez pas.

SAINT-ALBIN.

Il n'est pas l'heure encore.

CÉLINDE.

Mon cœur avance toujours. Personne ne vous a vu ?

SAINT-ALBIN.

Personne. La ruelle était déserte.

CÉLINDE.

Ce n'est pas que je rougisse de vous, bien que vous ne soyez ni duc ni traitant ; mais je crains pour mon bonheur. Nos grands seigneurs blasés ne me pardonneraient pas d'être heureuse.

SAINT-ALBIN.

Est-ce qu'ils vous entourent toujours de leurs obsessions ?

CÉLINDE.

Toujours. Mais j'ai pris mon parti. J'abandonne pour vous la gloire, les planches, la fortune. Je quitte le théâtre.

SAINT-ALBIN.

Vous renoncez à l'Opéra?

CÉLINDE.

Cela m'ennuie de vivre dans les nuages et dans les gloires mythologiques. J'abdique; de déesse, je redeviens femme. Je ne serai plus belle que pour vous, monsieur.

SAINT-ALBIN.

Comment reconnaître une pareille marque d'amour!

CÉLINDE.

Les répétitions ne viendront plus déranger nos rendez-vous. Nous aurons tout le temps de nous aimer.

SAINT-ALBIN.

Oui, ma toute belle... Vingt-quatre heures par jour, ce n'est pas trop.

CÉLINDE.

Nous vivrons à la campagne, tout seuls, dans une petite maison avec des contrevents verts, sur le penchant d'un coteau exposé au soleil levant; nous réaliserons l'idéal de Jean-Jacques. Nous aurons deux belles vaches suisses truitées que je trairai moi-même. Nous appellerons notre servante Ketly, et nous cultiverons la vertu au sein de la belle nature.

SAINT-ALBIN.

Ce sera charmant ! Vous m'avez compris; la vie pastorale fut toujours mon rêve.

CÉLINDE.

Le dimanche, nous irons danser sous la coudrette avec les bons villageois. J'aurai un déshabillé blanc, des souliers plats et un simple ruban glacé dans les cheveux.

SAINT-ALBIN.

Pourvu que vous n'alliez pas vous oublier au milieu de la contredanse et faire quelque pirouette ou quelque gargouillade.

CÉLINDE.

N'ayez pas peur. J'aurai bien vite désappris ces grâces factices, ces pas étudiés. J'étais née pour être bergère.

SAINT-ALBIN.

Labourer la terre, garder les troupeaux, c'est la vraie destination de l'homme... — Paris, ville de boue et de fumée, que ne puis-je te quitter pour jamais !

CÉLINDE.

Fuyons loin d'une société corrompue.

SAINT-ALBIN.

J'aurais cependant bien voulu me commander une veste tourterelle et quelques habits printaniers assortis à notre nouvelle existence. Ces tailleurs de village sont si maladroits! Mais qu'importe au bonheur la coupe d'un vêtement? La vertu seule peut rendre l'homme heureux.

CÉLINDE.

La vertu... accompagnée d'un peu d'amour... Venez, cher Saint-Albin; ma voiture nous attend au bout de la ruelle.

SAINT-ALBIN.

Il faudra que j'écrive à la famille dont j'élève les enfants d'après la méthode de l'*Émile* qu'une nécessité impérieuse me force à renoncer à ces fonctions philosophiques.

CÉLINDE.

Vous aurez peut-être plus tard l'occasion d'exercer vos talents dans notre ermitage... Ah! Saint-Albin, je ne serai pas une mère dénaturée : notre enfant ne sucera pas un lait mercenaire!   (Ils sortent.

SCÈNE V

Un mois après. — Un ermitage près de Montmorency.

SAINT-ALBIN, CÉLINDE.

SAINT-ALBIN.

Comment vous habillerez-vous pour aller à cette fête champêtre? Il y aura quelques femmes de la ville. Mettrez-vous vos diamants?

CÉLINDE.

Les fleurs des champs formeront ma parure. Je ne veux pas de ces ornements fastueux qui me rappelleraient ce que je dois oublier. J'ai renvoyé les écrins à ceux qui me les avaient donnés.

SAINT-ALBIN.

Sublime désintéressement! (A part.) C'est dommage, j'aime les folles bluettes que les belles pierres lancent au feu des bougies. (Haut.) Et vos dentelles?

CÉLINDE.

Je les ai vendues et j'en ai donné l'argent aux pauvres. Elles se seraient déchirées aux ronces des buissons, aux piquants des églantiers.

SAINT-ALBIN.

Des dentelles font bien au bas d'une robe.

CÉLINDE.

Irai-je traîner des falbalas dans la rosée des prairies? Un fourreau de toile anglaise rayée de rose, un chapeau de paille sur l'oreille, voilà ma toilette.

SAINT-ALBIN.

Il faudra vous farder un peu; je vous trouve pâle.

CÉLINDE.

L'onde cristalline des sources suffira pour raviver les couleurs de mes joues.

SAINT-ALBIN.

Je suis d'avis pourtant qu'une touche de rouge sous l'œil allume le regard, et qu'une assassine posée au coin de la lèvre donne du piquant à la physionomie... Prendrez-vous votre sachet de peau d'Espagne? Ces bons villageois ont quelquefois l'odeur forte.

CÉLINDE.

La violette des bois, attiédie sur mon cœur, sera notre seul parfum.

SAINT-ALBIN.

J'apprécie la violette; mais le musc et l'eau de Portugal ont bien leur charme.

CÉLINDE.

Un charme perfide, qui enivre et qui trouble... La nature repousse tous ces vains raffinements.

SAINT-ALBIN.

Vous ferez comme vous voudrez, vous serez toujours jolie.

(Il prend son chapeau.)

CÉLINDE.

Vous sortez encore?

SAINT-ALBIN.

Je n'ai pas mis les pieds dehors depuis un siècle.

CÉLINDE.

Vous êtes resté absent hier toute la journée.

SAINT-ALBIN.

Est-ce hier que j'ai été à Paris... pour ces affaires que vous savez?... Il me semblait qu'il y avait plus longtemps.

CÉLINDE.

Ce n'est pas galant, ce que vous dites là.

SAINT-ALBIN.

Vous avez vraiment un mauvais caractère. J'ai parlé sans intention... Adieu! je vais faire un tour de promenade et méditer au fond des bois sur la vraie manière de rendre les hommes heureux.

SCÈNE VI

FLORINE, CÉLINDE, puis SUZON.

FLORINE.

Oh! la méchante bête que cette vilaine vache rousse! elle a enlevé mon bonnet d'un coup de corne, et d'un coup de pied renversé le seau de lait dans l'étable. Nous n'aurons pas de crème pour le fromage, et il faudrait faire deux lieues pour s'en procurer d'autre. Vive Paris, pour avoir ce qu'on veut!

CÉLINDE, rêveuse.

Il doit y avoir opéra aujourd'hui.

FLORINE.

Oui, et la Rosimène danse le pas de madame dans *les Indes galantes*.

CÉLINDE.

La Rosimène... danser mon pas! — Une créature pareille... tout au plus bonne à figurer dans l'espalier.

FLORINE.

Elle a tant intrigué, qu'elle a passé premier sujet.

CÉLINDE.

Qui t'a dit cela?... C'est impossible.

FLORINE.

Vous savez ce jeune peintre-décorateur qui me trouvait gentille, je l'ai rencontré l'autre jour dans le bois; il m'a proposé de faire une étude d'arbre d'après moi, et, pendant que je posais, il m'a raconté toutes les histoires des coulisses.

CÉLINDE.

Mais elle n'est pas seulement *en dehors*; elle a volé deux balustres à quelque balcon pour s'en faire des jambes.

FLORINE.

M. de Vaudoré fait des folies pour elle; il lui a donné un hôtel dans le faubourg, une argenterie magnifique de Germain, et, l'autre jour, elle s'est montrée au cours la Reine en voiture à quatre chevaux soupe au lait, avec un cocher énorme et trois laquais gigantesques par derrière. Un train de princesse du sang!

CÉLINDE.

C'est une horreur! un morceau de chair taillé à coups de serpe!

FLORINE.

Quand je pense que madame, qui est si bien faite, s'est ensevelie toute vive dans un affreux désert par amour pour un petit jeune homme, assez joli, il est vrai, mais sans la moindre consistance...

CÉLINDE, effrayée.

Florine, Florine, regarde !

FLORINE.

Qu'y a-t-il ?

CÉLINDE.

Un crapaud qui est entré par la porte ouverte, et qui s'avance en sautelant sur le parquet.

FLORINE.

L'affreuse bête ! avec ses gros yeux saillants, il ressemble à faire peur à M. de Vaudoré.

CÉLINDE.

Je vais m'évanouir ; Florine, ne m'abandonne pas dans ce péril extrême.

FLORINE.

Où sont les pincettes, que je l'attrape par une patte, et que je le jette délicatement par-dessus le mur ?

CÉLINDE.

Prends garde qu'il ne te lance son venin à la figure.

FLORINE.

Ne craignez rien, je suis brave. Nous voilà débarrassées de ce visiteur importun.

CÉLINDE.

Je respire. Dans les descriptions d'ermitages et de chaumières, les auteurs ne parlent pas des crapauds qui veulent se glisser dans votre intimité.

FLORINE.

Je l'ai toujours dit à madame, que les auteurs étaient des imbéciles. La campagne est faite pour les paysans, et non pour les personnes bien élevées.

CÉLINDE

Grand Dieu ! une guêpe qui se cogne en bourdonnant contre les vitres ! Si elle allait me piquer !

FLORINE.

Avec deux ou trois coups de mouchoir, je vais tâcher de la faire tomber à terre ; nous l'écraserons ensuite. (Elle tue la guêpe.)

CÉLINDE.

Quel aiguillon et quelles pinces ! C'est affreux, d'être ainsi poursuivie par les animaux malfaisants ; hier, j'ai trouvé une araignée énorme dans mes draps.

FLORINE.

Il faut bien que les champs soient peuplés par les bêtes, puisque les hommes comme il faut sont à la ville.

CÉLINDE.

Il me semble que la peau me cuit; j'ai peur d'avoir attrapé un coup de soleil, j'ai arrosé les fleurs dans le jardin sans fichu.

FLORINE.

La peau de madame est toujours d'une blancheur éblouissante.

CÉLINDE.

Tu trouves ?

FLORINE.

Ce n'est pas comme cette Rosimène, avec son teint bis et sa nuque jaune. Je voudrais avoir l'argent qu'elle dépense en blanc de perle et en céruse.

CÉLINDE.

J'entends les sabots de Suzon qui accourt en toute hâte. Il faut qu'il y ait quelque chose d'extraordinaire.

(Entre Suzon.)

SUZON.

Madame, faites exuse d'entrer comme ça tout droit sans dire gare, dans votre belle chambre comme dans une étable à pourceaux. Il y a là un beau *mossieu* qui voudrait parler à vous.

FLORINE.

Fais entrer le beau monsieur.

CÉLINDE.

Non ! non !...

FLORINE.

Cela nous amusera. Je serais si contente d'apercevoir un visage humain.

SCÈNE VII

CÉLINDE, FLORINE, LE DUC.

CÉLINDE.

Ciel ! le duc !

FLORINE.

Monseigneur ! quoi ! C'est vous ?

LE DUC.

Moi-même... Charmante sauvage, je vous trouve enfin ; voilà trois semaines que mes grisons battent la campagne pour vous déterrer.

FLORINE.

Le fait est que nous étions au bout du monde.

LE DUC.

Vous me haïssez donc bien, mauvaise, que vous vous êtes expatriée pour ne me plus voir ? A propos, voilà l'écrin que vous m'avez renvoyé, comme si j'étais un traitant. Un homme de qualité ne reprend jamais ce qu'il a donné.

CÉLINDE.

Monsieur !

FLORINE.

Il n'y a que les gens de race pour avoir de ces procédés-là.

LE DUC.

Vous aviez un caprice pour ce petit freluquet; ce n'était pas la peine de vous enfuir pour cela. Un homme d'esprit comprend tout. Je me serais arrangé de façon à ne pas rencontrer Saint-Albin, ou plutôt il fallait me le présenter. Je l'aurais poussé, s'il avait eu quelque mérite. Une jolie femme peut avoir un philosophe comme elle a un carlin, cela ne tire pas à conséquence.

CÉLINDE.

Saint-Albin a su m'inspirer l'amour de la vertu.

LE DUC.

Lui ! Je n'en voudrais pas dire de mal, car j'aurais l'air d'un rival éconduit; mais ce cher monsieur n'est pas ce qu'il paraît être, comme on dit dans les romans du jour, ou je me trompe fort.

FLORINE.

Je suis de l'avis de M. le duc, M. Saint-Albin a des

allures qui ne sont pas claires pour un homme patriarcal et bocager.

CÉLINDE.

Florine...

LE DUC.

Ma chère Célinde, je vous aime plus que vous ne sauriez le croire d'après mon ton léger et mes manières frivoles. Je ne vous ai jamais dit de phrases alambiquées; pourtant j'ai fait pour vous des sacrifices devant lesquels reculeraient bien des amants ampoulés et romanesques. Sans parler de deux ou trois coups d'épée que j'ai donnés et que j'aurais pu recevoir, pour que vous puissiez écraser toutes vos rivales, pour que votre vanité féminine ne souffrît jamais, j'ai engagé le château de mes pères, le manoir féodal peuplé de leurs portraits, dont les yeux fixes semblent m'accabler de reproches silencieux. Les juifs ont entre leurs sales griffes les nobles parchemins, les chartes constellées de sceaux armoriés et d'empreintes royales; mais Célinde a pu faire ferrer d'argent ses fringants coursiers, mais sa beauté, fleur divine, a pu s'épanouir splendidement au milieu des merveilles du luxe et des arts; ce joyau sans prix a vu son éclat doublé par la richesse de la monture. Et moi, l'air dédaigneux et le cœur ravi, tout en ne parlant que de chiens et de chevaux anglais, j'ai joui de ce bonheur si doux pour un galant homme d'avoir réparé une injustice du sort en faisant une reine... d'opéra de celle qui eût dû naître sur un trône.

FLORINE.

Comme M. le duc s'exprime avec facilité, bien qu'il n'emprunte rien au jargon des livres à la mode! — Je n'aime pas les amoureux qui donneraient leur vie pour leur maîtresse, et qui lui refusent cinquante louis ou la quittent pour quelque plat mariage.

CÉLINDE.

Cher duc! Ah! si j'avais pu savoir... Hélas! il est trop tard... Saint-Albin m'adore... Je dois finir mes jours dans cette retraite..., loin du bruit, loin du monde, loin des succès.

LE DUC.

Renoncer ainsi à l'art, à la gloire, à l'espoir de se faire un nom immortel pour un grimaud qui vous trompe, j'en suis sûr!... Laisser cette grosse Rosimène faire craquer sous son poids les planches que vous effleuriez si légèrement du bout de votre petit pied, c'est impardonnable! Le public a si mauvais goût, qu'il serait capable de l'applaudir.

CÉLINDE.

Le parterre prend souvent l'indécence pour la volupté et la minauderie pour la grâce.

LE DUC.

Vous n'auriez qu'à reparaître pour la faire rentrer parmi les figurantes à vingt-cinq sous la pièce, dont elle n'aurait jamais dû sortir.

CÉLINDE.

Pourquoi parler de cela, puisque mon sort est à jamais fixé?

LE DUC.

Ce sont là des mots bien solennels!

SUZON, une lettre à la main.

Madame, voici une lettre qu'un petit garçon m'a donnée pour vous.

CÉLINDE.

C'est l'écriture de Saint-Albin... Qu'est-ce que cela signifie? Il vient de sortir à l'instant : que peut-il avoir à me dire? Je tremble... Rompons le cachet. — Duc, vous permettez?

LE DUC.

Comment donc!

CÉLINDE III.

« Ma chère Célinde,

» Ce que j'avais à vous dire était tellement embarrassant, que j'ai pris le parti de vous en informer par une lettre. Vous allez m'appeler perfide, je ne fus qu'imprudent ; la destinée qui s'acharne sur moi ne veut pas que je sois heureux selon le vœu de mon cœur. — Homme simple et vertueux, j'étais fait pour le bonheur des champs, et voici qu'un événement, que j'aurais dû prévoir, me rappelle à la ville. — Vous savez, Célinde, que, partageant les idées de Jean-Jacques, je formais à la vertu une jeune âme dans le sein d'une famille riche. Mon élève avait une sœur qui venait souvent écouter mes leçons ; comme Saint-Preux, mon modèle, mon héros, j'avais besoin d'une Julie pour admirer la lune sur le lac, et me promener dans les bosquets de Clarens... Que vous dirai-je ? j'imitai si fidèlement mon type d'adoption, que bientôt ma Julie ne put cacher que, méprisant de vils préjugés, elle avait cédé aux doux entraînements de la nature, et se trouvait dans la position de donner un citoyen de plus à la patrie. Les parents, s'étant aperçus de l'état de leur fille, me sommèrent de réparer l'outrage fait à son honneur : en sorte que je me suis vu forcé de promettre d'épouser une héritière qui n'a pas moins de cent mille écus de dot... Cela n'est-il pas tout à fait contrariant pour moi, qui fais profession de mépriser les richesses et qui ne demande qu'un lait pur sous un toit de chaume ? O Célinde, ne m'en voulez pas. Le destin impérieux m'entraine, tâchez de m'oublier : vous êtes heureuse, vous, rien ne vous empêche de couler dans la retraite, au sein des plaisirs simples, des jours exempts d'orages.

» Adieu pour jamais !

» Le malheureux Saint-Albin. »

CÉLINDE.

Le scélérat! comme il m'a trompée! Oh! j'étouffe de douleur et de rage !

LE DUC.

Qu'est-ce donc ?

CÉLINDE.

Lisez.

LE DUC, après avoir lu.

Cela n'a rien qui m'étonne. Les gens romanesques font toujours des folies avec les riches héritières.

FLORINE.

C'était un gueux, un libertin, hypocrite; je ne l'ai jamais dit à madame, mais il m'embrassait toujours dans le corridor sombre, et, si j'avais voulu... Heureusement, j'ai des principes.

CÉLINDE.

Et j'ai pu le préférer à vous !

LE DUC.

Tant pis pour lui s'il ne ressemblait pas à votre rêve.

FLORINE.

Maintenant, nous n'avons plus de raison de rester dans les terres labourées. Si nous retournions un peu voir en quel état est le pavé de Paris...

CÉLINDE.

Adieu, marguerites à la couronne d'argent, aromes du foin vert, fumées lointaines montant du sein des feuillages, ramiers qui roucoulez sur la pente des toits couverts de fleurs sauvages! mon cœur a connu des plaisirs trop irritants pour pouvoir goûter votre charme doux et monotone.

LE DUC.

Votre églogue est donc terminée?

CÉLINDE.

Oui. — Donnez-moi la main et conduisez-moi.

LE DUC.

J'ai précisément ma voiture au coin de la route.

FLORINE.

Vivat! Pour une soubrette, il vaut mieux porter des billets doux que traire des vaches.

(Ils sortent.)

SCÈNE VIII

Le foyer de la danse à l'Opéra.

LA ROSIMÈNE.

Cet imbécile de Champagne qui n'a pas mis d'eau dans mon arrosoir... J'ai manqué choir en faisant des battements. Ma place était claire et luisante comme un parquet ciré.

M. DE VAUDORÉ.

Je ferai bâtonner ce drôle en rentrant.

LE CHEVALIER.

Mademoiselle Rosimène est mise avec un goût exquis.

LA ROSIMÈNE.

Ma jupe coûte mille écus. M. de Vaudoré fait bien les choses.

LE COMMANDEUR.

Nous irons souper chez vous après le ballet. J'ai envoyé ce matin une bourriche de gibier et la recette pour les cailles à la Sivry.

LA ROSIMÈNE.

Ah! j'adore le gibier.

LE CHEVALIER, à part.

Elle adore tout!

LA ROSIMÈNE.

Je ne suis pas une bégueule comme Célinde, moi ; je mange et je bois, c'est plus gai.

LE COMMANDEUR.

A propos... que devient Célinde?

M. DE VAUDORÉ.

Elle se livre aux plaisirs champêtres, et se nourrit de crème dans une laiterie suisse.

LE COMMANDEUR.

Mauvaise nourriture qui débilite l'estomac ! c'est assez de teter quand on est petit enfant.

LA ROSIMÈNE.

Je préfère les fortifiants, les mets relevés. Après ça, Célinde a toujours eu des idées romanesques. Elle avait le défaut de lire. Je vous demande un peu à quoi ça sert?

LE CHEVALIER.

Rosimène, vous êtes ce soir d'une verve, d'un mordant ; c'est incroyable comme vous vous formez !

LA ROSIMÈNE.

Je dois ça à mon gros vieux Crésus. Il me paye des maitres de toute sorte. Je ne les reçois pas, mais je leur donne leur cachet, et c'est comme si j'avais pris ma leçon.

M. DE VAUDORÉ.

Elle deviendra une Ninon, une Marion Delorme, une Aspasie ! Je ferai les fonds nécessaires.

L'AVERTISSEUR.

Madame, on va commencer.

LA ROSIMÈNE.

C'est bon, c'est bon... Le public peut bien attendre. Il faut que je me mette en train. Je n'ai pas travaillé aujourd'hui.

SCÈNE IX

Les Mêmes, CÉLINDE, LE DUC.

CÉLINDE.

Ma chère petite, ne vous échauffez pas si fort. Votre corsage est déjà tout mouillé de sueur.

TOUS.

Célinde !

CÉLINDE.

Vous ne dansez pas ce soir ; je reprends mon service.

LA ROSIMÈNE.

C'est une indignité, c'est une horreur! J'ai des droits que je ferai valoir; et mon costume, qui me coûte les yeux de la tête!

CÉLINDE.

Cela regarde M. de Vaudoré.

LE CHEVALIER, s'avançant vers Célinde.

Est-ce à votre ombre que je parle, Célinde? En tout cas, on n'aurait jamais vu plus gracieux revenant.

CÉLINDE.

C'est bien moi, chevalier. — Commandeur, je vous invite pour ce soir. Nous ferons des folies jusqu'au matin; je tâcherai que vous ne vous endormiez pas.

LE COMMANDEUR, quittant la Rosimène.

Je serai plus éveillé qu'un émerillon.

CÉLINDE.

Marquis, j'ai à me faire pardonner bien des torts. J'ai calomnié l'autre fois votre esprit et vos mollets. Venez, je serai charmante comme une coupable.

LE MARQUIS. Il passe du côté de Célinde.

Un sourire de votre bouche fait oublier bien des paroles piquantes.

CÉLINDE, à part.

Lui prendrai-je son Vaudoré? Non, il est trop laid et

trop bête. Laissons-le-lui ; la clémence sied aux grandes âmes.

L'AVERTISSEUR.

Madame, c'est à vous.

CÉLINDE.

Adieu, messieurs, à bientôt !... Duc, venez me prendre après mon pas, vous me conduirez chez moi.

LE CHEVALIER.

Je vous avais bien dit que ces bergeries-là ne dureraient point... *Bon sang ne peut mentir.*

LE
PORTRAIT DE MME JABULOT

SCÈNE COMIQUE

Le palier d'un septième étage. M. Jabulot, bourgeois cramoisi, en redingote raisin de Corinthe exorbitant, pantalon eau du Nil plombée, breloques d'aventurine, souliers à bouffettes, paraît sur le haut de l'escalier, essoufflé, haletant comme un hippopotame à sec.

JABULOT, VOIX INTÉRIEURES, UN RAPIN, UN BOULEDOGUE, HENRI, CORALIE.

JABULOT.

Ouf! je crois que je vas prendre mon attaque, je n'en puis plus. Sept étages au-dessus de l'entre-sol, merci! C'est au premier en venant du côté du bon Dieu. Mais ces peintres, c'est si gueux! ça se loge près du ciel, sous prétexte d'avoir le jour meilleur. Comme c'est commode pour les pratiques ! Où est la sonnette maintenant ? Pas de sonnette ! le cordon est arraché. Plus souvent, si j'étais propriétaire, que je voudrais loger des artistes, ça fait plus de dégâts que des chèvres ou des lapins. (Il frappe.)

VOIX INTÉRIEURES. Ne pas confondre avec les poésies de ce nom.

Traderi dera! — Boum, boum ! — Ouah ! ouah ! — *Ma Normandie...* — *L'or est une chimère !* — *Tu n'auras pas ma rose !* — Hou ! hou !

JABULOT, exaspéré.

Ah çà ! mais c'est donc un Capharnaüm ici ? Quel vacarme ! (Il refrappe.) Ils vont me laisser moisir à la porte.

UN RAPIN DU DEDANS.

On y va !

JABULOT.

Mais non, on n'y va pas du tout.

LE RAPIN, faisant un saut en arrière.

Tiens ! c'est un bourgeois. (A part.) Oh ! ce mufle !

LE BOULEDOGUE.

Ouah ! ouah ! ouah !

JABULOT, effrayé.

Jeune homme, contenez votre bête féroce, ne me laissez pas dévorer.

LE RAPIN.

Allons, Raph, es-tu bête d'aboyer comme ça après un *mossieu* bien couvert! Il est vrai que tu n'y es guère habitué. Allez coucher, Raph! (Le bouledogue se retire d'un air mécontent.)

JABULOT.

Je voudrais parler à votre maitre.

LE RAPIN.

Henri, voilà un bourgeois qui voudrait te parler. (Jabulot entre dans l'atelier.) O ciel! que vois-je! Quelle horreur! une créature toute nue! et jolie encore! Si madame Jabulot le savait, elle qui ne se baigne qu'avec une camisole, un jupon et des bas! J'en ai des éblouissements. Elle est étendue sur la table et ne remue pas. Serais-je dans un coupe-gorge ou chez les sauvages?

HENRI.

C'est un modèle qui pose pour un tableau d'Adam et Ève en costume du temps.

CORALIE.

A-t-il l'air melon, ce vieux-là! Dis donc, rapin, jette-moi donc ma robe, je n'aime pas que les bourgeois me voient: je ne suis pas une *déhontée!* les artistes, à la bonne heure.

LE RAPIN.

Va t'habiller derrière le tableau, et ne mange pas tous les radis.

JABULOT.

Vous êtes artiste en peinture, vous tenez des tableaux et tout ce qui concerne votre état?

HENRI.

Et je fais des envois en province.

JABULOT.

Votre commerce est donc très-étendu? Avez-vous beaucoup d'ouvriers?

HENRI.

Monsieur...

JABULOT, allant regarder un tableau.

Quelle grande pancarte! on ferait une paire de draps de la toile qu'il y a là dedans : est-ce de la toile fine? combien coûte-t-elle l'aune?

HENRI.

C'est de la toile marouflée; je n'ai pas calculé combien elle coûte.

JABULOT.

Vous avez tort, il faut calculer : les petits ruisseaux font les grandes rivières.

HENRI.

Je n'y manquerai pas.

JABULOT, examinant le tableau à trois pouces de distance.

Comme c'est raboteux ! en voilà-t-il des tas de couleurs ! on lui prendrait le nez à celui-là. Si c'était plus uni, ce serait plus joli ; j'aime bien les choses unies : avec du papier de verre, de la pierre ponce et de la prêle, en deux heures ça reluirait comme un miroir.

HENRI.

Monsieur, je suis peintre, et non teinturier.

JABULOT.

C'est juste, jeune homme, c'est juste ; mais c'est égal, j'ai mon idée. Vous autres, pif ! paf ! vous flanquez de la couleur là-dessus avec de grosses brosses pour avoir fini plus vite : moi, d'abord, si j'étais artiste, je choisirais les pinceaux les plus fins.

LE RAPIN, à part.

De quel bocal est-il échappé, ce cornichon-là ? Les concombres sont plus forts.

JABULOT.

Il y a joliment des coups de pinceau là dedans !

HENRI.

Sans compter que tout est fait à la main.

JABULOT.

Croyez-moi si vous voulez, mais j'ai toujours eu beaucoup de goût pour votre état. Quand j'étais petit, avec du charbon je faisais des bonshommes sur toutes les murailles. Je dessinais très-bien le chapeau du grand homme tel que vous me voyez; même que feu mon père me donnait toujours le fouet de peur que je ne *devienne* peintre; car, enfin, sauf votre respect, *mossieu*, ce n'est pas un métier qui mène à quelque chose : c'est tous des meurt-de-faim, et on dit en proverbe : *Gueux comme un pingre*. Je ne dis pas ça pour vous.

HENRI, visiblement impatienté.

Enfin, monsieur, que désirez-vous de moi ?

JABULOT.

Voilà ! voilà ! — Jeune homme, nous y sommes; connaissez-vous madame Chipotard ?

HENRI.

Je n'ai pas cet honneur.

JABULOT.

Elle demeure dans notre maison, nous sommes sur le même palier. Vous suivez mon raisonnement ?

HENRI.

Très-bien, monsieur.

JABULOT.

Madame Chipotard s'est *faite* peindre, tant et si bien qu'elle était à l'Exposition entre le portrait de M. Duprez, de l'Opéra, et celui d'un député de la gauche : c'est toujours honorable.

HENRI.

Assurément.

JABULOT.

Vous croyez peut-être que madame Chipotard est une Vénus? Au contraire, elle est jaune comme un citron, même qu'elle dit que c'est un teint d'Andalouse. Joli teint! Et puis il n'y a pas plus de ça que dessus ma main; — planche partout. Une horreur de femme comme ça, se faire tirer en couleur! c'est révoltant!

HENRI, à part.

Où veut-il en venir avec sa madame Chipotard?

JABULOT.

Mais le peintre l'a flattée, excessivement flattée! il lui a mis du rose aux joues, au menton, partout, quoi! et cette robe de velours cerise, et cette grosse chaîne d'or à trois tours! Vous vous imaginez peut-être que madame Chipotard vous a comme ça des robes de velours? Elle avait une robe de lasting, et une petite chaîne si mince, que ça faisait pitié; on dirait qu'elle avait pleuré pour l'avoir; ça ne lui faisait que deux fois le tour du cou, et encore ça l'étranglait qu'elle en tirait la langue comme un pendu.

HENRI.

Monsieur, tous ces détails sont excessivement intéressants; mais tous mes moments sont comptés; venons au fait, s'il vous plaît.

JABULOT.

Le fait, pardieu ! je ne connais que ça ! Le fait, le voici sans plus retarder : madame Chipotard s'est fait avec ce portrait une réputation, si tellement que l'on est venu lui demander d'en tirer une copie pour la mettre dedans *les Belles Femmes de Paris*.

HENRI.

En quoi tout ceci me regarde-t-il?

JABULOT.

Je vous confierai que madame Jabulot, mon épouse, ma seule, ma légitime épouse, pauvre Fifine, va ! a été vexée, mais très-vexée, de n'être pas peinte aussi et exposée. D'autant que c'est une femme superbe, imposante; cinq pieds cinq pouces, et potelée à l'avenant, et des chairs d'une fraîcheur ! ô Dieu de Dieu ! les belles chairs ! Ce n'est pas parce que je suis son mari; mais la vérité est que c'est une fameuse luronne. Tout à l'heure, je l'ai appelée Fifine, c'est son petit nom : elle s'appelle Joséphine; c'est un joli nom, n'est-ce pas, mossieu?

HENRI.

Très-joli.

CORALIE, derrière la toile.

Pas trop.

JABULOT.

Voilà la Saint-Joseph qui approche; or, la Saint-Joseph est la fête de ma femme, puisqu'elle s'appelle Joséphine : vous comprenez?

HENRI.

Rien n'est plus lumineux.

JABULOT.

Je veux qu'elle ait son portrait comme madame Chipotard, avec trois chaines et deux robes de velours.

CORALIE.

Ne prends donc pas mes bas pour essuyer tes pinceaux, mauvais rapin!

JABULOT.

Or, j'ai pensé à vous pour ça, jeune homme; le cousin de Fifine, qui est un garçon fort spirituel, m'a dit que vous n'étiez pas manchot, et que vous ne preniez pas trop cher. Cependant je vous avoue que je serais

curieux, avant de me risquer, de voir quelques-*unes*
de vos ouvrages. Vous devez avoir des échantillons
pour montrer aux pratiques : avant d'acheter, il faut
voir, n'est-il pas vrai, mon jeune ami?

HENRI.

Sans nul doute, monsieur. Voilà des portraits, des
ébauches, des esquisses; regardez.

JABULOT.

Pas mal, pas mal!... Pourquoi donc ce monsieur a-t-
il une jambe plus courte que l'autre? est-ce qu'il serait
boiteux?

HENRI.

C'est un raccourci, monsieur, c'est-à-dire une jambe
en perspective.

JABULOT.

Est ce qu'il y aura des raccourcis dans le portrait de
ma *phâme?*

HENRI.

Probablement.

JABULOT.

Mais je n'aime pas les raccourcis du tout, moi; est-
ce qu'il n'y aurait pas moyen, en payant quelque chose
de plus, de faire les jambes de la même longueur?

LE RAPIN.

L'est-il, l'est-il, jobard, celui-là!

JABULOT.

Qu'est-ce que c'est que ça? Un nègre! c'est tout noir et tout jaune.

HENRI.

C'est une copie de Rembrandt.

JABULOT.

Ce M. Rembrandt n'a pas le sens commun; est-ce que je suis comme ça? J'ai la figure toute de la même couleur. Regardez donc cette tache sous le nez, on dirait que cet individu fait une énorme consommation de tabac : c'est très-laid, ça.

HENRI.

Monsieur, ce sont les ombres.

JABULOT.

Est-ce qu'il y aura des ombres dans le portrait de ma *phâme?*

LE RAPIN.

En voilà un Chinois!

JABULOT.

Ne mettez que du blanc et du rose, j'aime mieux ça.

HENRI.

Mais ce sera horrible! votre femme ressemblera aux figures de paravent.

JABULOT.

Vous croyez ça, vous autres : vous ménagez votre couleur de chair fine, et vous employez des couleurs à meilleur marché. Connu! je suis un vieux lapin... Mais j'y mettrai le prix.

HENRI, à demi-voix.

Il me prend des envies de jeter cet animal par-dessus la rampe.

JABULOT.

Ce n'est pas un portrait en miniature que je veux; c'est un grand portrait avec un beau cadre, un portrait bien uni, bien luisant, comme celui qui était au coin du grand salon; on aurait pu mettre sa cravate ou faire sa barbe devant. Je voudrais que ça puisse se laver avec de l'eau seconde et du grès, comme les boiseries de ma salle à manger; j'aime la propreté, moi.

HENRI.

C'est une peinture à l'huile qu'il faut à monsieur?

JABULOT.

A l'huile, vous l'avez dit; mais ne vous servez pas

d'huile à quinquet, d'huile inférieure; employez de l'huile d'olive.

LE RAPIN.

Avec un filet de vinaigre.

CORALIE.

Une gousse d'ail, du sel et du poivre.

LE RAPIN.

Il est à empailler, le bourgeois.

HENRI.

Monsieur, je ferai tout ce que je pourrai pour vous satisfaire.

JABULOT.

Combien me prendrez-vous?

HENRI.

Cinq cents francs.

JABULOT.

C'est cher; mais c'est égal, ça ne dépasse pas mes moyens; et, d'ailleurs, il n'y a rien de trop beau pour Fifine. Voilà qui est convenu; mais ce sera dans le soigné, au moins; il faut que madame Chipotard en crève de rage.

HENRI.

Quel jour madame viendra-t-elle poser?

JABULOT.

Comment, poser? Mais c'est une surprise que je veux lui faire; si elle pose, où sera la surprise?

HENRI.

Je ne puis faire un portrait sans le modèle.

JABULOT.

Je vas vous dire comme elle est. Elle a les yeux bleus, c'est-à-dire gris, tirant un peu sur le vert, dans le genre de l'empereur; son nez appartient à cette classe de nez que l'on nomme aquilins, si j'ose m'exprimer ainsi; elle a beaucoup de couleurs, ses joues sont rouges comme des pommes d'api; elle a, à côté du menton, un signe avec trois poils assez longs qu'elle n'a jamais voulu couper, parce que ça porte bonheur, à ce qu'elle dit; car, il faut que je l'avoue, mon épouse est infectée de superstitions. Je ferai mettre le portrait dans sa chambre avec une gaze dessus, on tirera la gaze, et alors la surprise aura lieu.

HENRI.

Voilà des renseignements fort exacts; mais je ne puis, comme j'ai eu l'honneur de vous le dire, faire un portrait sans voir la personne.

JABULOT.

Vous ne savez donc pas votre état?

HENRI.

Allez à tous les diables! depuis plus d'une heure, vous m'impatientez et me débitez des sornettes.

JABULOT.

Savez-vous que vous parlez à un homme établi, patenté, ayant pignon sur rue, femme et enfants, électeur, sergent dans sa compagnie, porté pour être décoré? Savez-vous cela, *mossieu*?

LE RAPIN.

Je vais lui décocher Ralph dans les jambes.

LE BOULEDOGUE.

Ouah! ouah! ouah!

JABULOT.

Aïe! aïe! Ma vie n'est pas en sûreté dans cet antre; je me retire. (Il se sauve.)

HENRI.

Buvons un coup, et fumons une pipe pour nous remettre.

LE RAPIN.

Il n'y a plus de vin. Coralie a tout bu, et elle a fumé

la dernière pipe pendant que tu t'escrimais avec le bourgeois : je vais descendre en chercher.

CORALIE.

Ça fait tout de même une demi-heure de carottée sur la pose.

FEUILLETS

DE

L'ALBUM D'UN JEUNE RAPIN

I

VOCATION

Je ne répéterai pas cette charge trop connue qui fait commencer ainsi la biographie d'un grand homme : « Il naquit à l'âge de trois ans, de parents pauvres mais malhonnêtes. » Je dois le jour (le leur rendrai-je?) à des parents cossus mais bourgeois, qui m'ont infligé un nom de famille ridicule, auquel un parrain et une marraine, non moins stupides, ont ajouté un nom de baptême tout aussi désagréable. N'est-ce pas une chose absurde que d'être obligé de répondre à un certain assemblage de syllabes qui vous déplaisent? Soyez donc un grand maître en vous appelant Lamerluche, Tartempion ou Gobillard? A vingt ans, on devrait se choisir un nom selon son goût et sa vocation. On signerait à la manière des femmes mariées, Anafesto (né Falempin), Florizel (né Barbochu), ainsi qu'on l'entendrait; de cette façon, des gens noirs comme des Abyssins ne s'appelleraient pas Leblanc, et ainsi de suite.

Mes père et mère, six semaines après que j'eus été sevré, prirent cette résolution commune à tous les parents de faire de moi un avocat, ou un médecin, ou un notaire. Ce dessein ne fit que se fortifier avec le temps. Il est évident que j'avais les plus belles dispositions pour l'un de ces trois états : j'étais bavard, je médicamentais les hannetons, et je ne cassais qu'au jour voulu les tirelires où je mettais mes sous ; ce qui faisait pressentir la faconde de l'avocat, la hardiesse anatomique du médecin, et la fidélité du notaire à garder les dépôts. En conséquence, on me mit au collège, où j'appris peu de latin et encore moins de grec; il est vrai que j'y devins un parfait éleveur de vers à soie, et que mes cochons d'Inde dépassaient pour l'instruction et la grâce du maintien ceux du Savoyard le plus habile.

Dès la troisième, ayant reconnu la vanité des études classiques, je m'adonnai au bel art de la natation, et j'acquis, après deux saisons de chair de poule et de coups de soleil, le grade éminent de caleçon rouge. Je piquais une tête sans faire jaillir une goutte d'eau; je tirais la coupe marinière et la coupe sèche d'une façon très-brillante; les maîtres de nage me faisaient l'honneur de m'admettre à leur payer des petits verres et des cigares; je commençai même un poëme didactique en quatre chants, en vers latins, intitulé : *Ars natandi*. Malheureusement, la nage est un art d'été; et, l'hiver, pour me distraire des thèmes et des versions, j'illustrais de dessins à la plume les marges de mes cahiers et de mes livres; je ne puis évaluer à moins de six cent mille le nombre de vers à copier que cette passion m'attira; j'avais du premier coup atteint les hauteurs de l'art primitif; j'étais byzantin, gothique, et même, j'en ai peur, un peu chinois : je mettais des yeux de face dans des têtes de profil; je méprisais la perspective et je faisais des poules aussi grosses que des chevaux ; si mes compositions eussent été sculptées dans la pierre au lieu d'être griffonnées sur des chiffons de papier, nul doute que quelque savant ne leur eût trouvé les sens symboliques les plus curieux et les plus profonds. Je ne me rappelle pas sans plaisir une certaine chaumière avec une cheminée dont la fumée sortait en tire-bouchon, et trois peupliers pareils à des arêtes de sole frite, qui aujourd'hui obtiendraient le plus grand succès auprès des admirateurs de l'air naïf. A coup sûr, rien n'était moins maniéré.

De là, je passai à de plus nobles exercices : je copiai les *Quatre Saisons* au crayon noir, et les *Quatre Parties du monde* au crayon rouge. Je faisais des hachures carrées, en losange, avec un point au milieu. Ce qui me donna beaucoup de peine dans les commencements, c'est de réserver le point lumineux au milieu de la prunelle ; enfin j'en vins à bout, et je pus offrir à mes parents, le jour de leur fête, un soldat romain qui, à quelque distance, pouvait produire l'effet d'une gravure au pointillé ; la beauté du cadre les toucha, et je les vis près de s'attendrir ; mais mon père, après quelques minutes de rêverie profonde, au lieu de la phrase que j'attendais : *Tu Marcellus eris!* me dit, avec un accent qui me sembla horriblement ironique : « Tu seras avocat ! »

Il me fit prendre des inscriptions de droit qui servirent à motiver mes sorties, et me permirent d'aller assez régulièrement dans un atelier de peinture. Mon père, ayant découvert mon affreuse conduite, me lança un gros regard de menace, et me dit ces foudroyantes paroles, qui retentissent encore à mon oreille comme les trompettes du jugement dernier : « Tu périras sur l'échafaud! » C'est ainsi que se décida ma vocation.

II

D'APRÈS LA BOSSE

Hélas! voici bien longtemps que je reproduis à l'estompe le torse de Germanicus, le nez du Jupiter Olympien, et autres plâtras plus ou moins antiques : à la longue, la bosse et l'estompe engendrent la mélancolie; les yeux blancs des dieux grecs n'ont pas grande expression; la *sauce* est peu variée en elle-même. Si ce n'était l'idée de contrarier mes parents, qui me soutient, je quitterais à l'instant cet affreux métier! Cela n'est guère amusant, d'aller chercher des cerises à l'eau-de-vie, du tabac à fumer et des cervelas pour ces messieurs, et de s'entendre appeler toute la journée rapin et rat huppé!

III

D'APRÈS NATURE

La semaine prochaine, je peindrai d'après nature. Enfin j'ai une boîte, un chevalet et des couleurs! Comment prendrai-je ma palette, ronde ou carrée? Carrée, c'est plus sévère, plus primitif, plus *ingresque*; la palette d'Apelles devait être carrée! Oh! les belles vessies, pleines, fermes, luisantes! avec quel plaisir vais-je donner dedans le coup d'épingle qui doit faire jaillir la couleur!... Aïe! ouf! quel mauvais augure! le globule, trop fortement pressé entre les doigts, a éclaté comme une bombe, et m'a lancé à la figure une longue fusée jaune : il faudra que je me lave le nez avec du savon noir et de la cendre. Si j'étais supertitieux, je me ferais avocat. Je vais donc peindre, non plus d'après des gravats insipides, mais d'après la belle nature vivante! Dieux! si c'était une femme! ô mon cœur, contiens-toi, réprime tes battements impétueux, ou je serai forcé de te faire cercler de fer comme le cœur du prince Henri. Ce n'est pas une femme ; au contraire, c'est un vieux charpentier fort laid, qui est, au dire des experts, le plus beau torse de l'époque, et qui s'intitule « premier modèle de l'Académie royale de dessin et de peinture; » pour moi, il me fait l'effet d'un tronc de chêne noueux ou d'un sac de noix appuyé debout contre un mur.

On distribue les places; nous sommes cinquante-trois, la plus mauvaise m'échoit. Entre les toiles et les barres des chevalets, qui font comme une forêt de mâts, j'entrevois vaguement le coude du modèle. De tous côtés j'entends mes compagnons s'écrier : « Quels dentelés! quels pectoraux! comme la mastoïde s'agrafe vigoureusement! comme le biceps est soutenu! comme le grand trochanter se dessine avec énergie! » Moi, au lieu de toutes ces merveilles anatomiques, je n'avais pour perspective qu'un cubitus assez pointu, assez rugueux, assez violet; je le transportai le plus fidèlement possible sur ma toile, et, quand le professeur vint jeter les yeux sur ce que j'avais fait, il me dit d'un ton rogue : « Cela est plein de chic et de ficelles; vous avez une patte d'enfer, et je vous prédis... que vous ne ferez jamais rien. »

IV

COMMENT JE DEVINS UN PEINTRE DE L'ÉCOLE ANGÉLIQUE

Ces paroles du professeur me jetèrent dans un douloureux étonnement. « Eh quoi! m'écriai-je, j'ai déjà du chic, et c'est la première fois que je touche une brosse... Qu'est-ce donc que le chic? » J'étais près de me laisser aller à mon désespoir et de m'enfoncer dans le cœur mon couteau à palette tout chargé de cinabre; mais je repris courage, et j'entendis au fond de mon âme une voix qui murmurait : « Si ton maître n'était qu'un cuistre!... » Je rougis jusqu'au blanc des yeux, et je crus que tout le monde lisait sur mon visage cette coupable pensée. Mais personne ne parut s'apercevoir de cette illumination intérieure.

Petit à petit, à force de travail, j'en revins à ma manière primitive, je n'employai plus aucune ficelle, et je fis des dessins qui pouvaient rivaliser avec ceux que je griffonnais autrefois sur le dos des dictionnaires; aussi, un jour, mon professeur, qui s'était arrêté derrière moi, laissa tomber ces paroles flatteuses :

« Comme c'est bonhomme ! » A ces mots, je me troublai, et, suffoqué d'émotion, je courbai ma tête sur ses mains, que je baignai de pleurs. Le tableau qui me valut cet éloge représentait un anachorète potiron tendre dans un ciel indigo foncé, et ressemblait assez à ces images de complaintes gravées sur bois et grossièrement coloriées, que l'on fabrique à Épinal. A dater de ce jour, je me fis une raie dans le milieu des cheveux, et me vouai au culte de l'art symbolique, archaïque et gothique; les Byzantins devinrent mes modèles; je ne peignis plus que sur fond d'or, au grand effroi de mes parents, qui trouvaient que c'étaient là des fonds mal placés. André Ricci de Candie, Barnaba, Bizzamano, qui étaient, à vrai dire, plutôt des relieurs que des peintres, et se servaient autant de fers à gaufrer que de pinceaux, avaient accaparé mon admiration : Orcagna, l'ange de Fiesole, Ghirlandaïo, Pérugin, me paraissaient déjà un peu Vanloo; et, ne trouvant plus l'école italienne assez spiritualiste, je me jetai dans l'école allemande. Les frères Van Eik, Hemling, Lucas de Leyde, Cranach, Holbein, Quintin Metsys, Albert Durer, furent pour moi l'objet d'études profondes, après lesquelles j'étais en état de dessiner et de colorier un jeu de cartes aussi bien que feu Jacquemin Gringoneur, imagier du roi Charles VI. A cette époque climatérique de ma vie, mon père, après avoir payé une note assez longue chez Brullon, rue de l'Arbre-Sec, me fit cette observation que je devais savoir mon métier et gagner de l'argent ; je répondis que le gouvernement, par un oubli que j'avais peine à concevoir, ne m'avait pas encore donné de chapelle à peindre, mais que cela ne pouvait manquer. A quoi mon père répliqua : « Fais le portrait de M. Crapouillet et de madame son épouse, et tu auras cinq cents francs, sur lesquels je te retiendrai cent francs pour tes mois de nourrice, que tu me dois encore. »

V

HURES DE BOURGEOIS !!!...

Madame Crapouillet n'était pas jolie, mais M. Crapouillet était affreux ; elle avait l'air d'un merlan roulé dans la farine, et il ressemblait à un homard passant du bleu au rouge. Je fis le mari couleur pomme d'amour peu mûre, et la femme d'un gris-perle tout à fait mélancolique, dans le genre des peintures d'Overbech et de Cornélius. Ce teint parut peu les flatter, mais ils furent contents de ma manière de peindre, et ils dirent à l'auteur de mes jours : « Au moins monsieur votre fils étale-t-il bien sa couleur et ne laisse-t-il pas un tas de grumeaux dans son ouvrage. » Il fallut me contenter de ce compliment assez maigre; pourtant j'avais représenté fort exactement la verrue de M. Crapouillet, et les trous de petite vérole qui criblaient son aimable visage; on pouvait distinguer dans l'œil de madame la fenêtre d'en face avec ses portants, ses croisillons et ses rideaux à franges. La fenêtre ressemblait beaucoup.

Ces portraits eurent un véritable succès dans le monde bourgeois; on les trouvait très-unis et faciles à nettoyer avec de l'eau seconde. Le courage me manque pour énumérer toutes les caricatures sérieuses auxquelles je me livrai. Je vis des têtes inimaginables, groins, mufles, rostres, empruntant des formes à tous les règnes, principalement à la famille des cucurbitacées; des nez dodécaèdres, des yeux en losange, des mentons carrés ou taillés en talon de sabot; une collection de grotesques à faire envie aux plus ridicules poussahs inventés par la fantaisie chinoise.

Je fus à même d'étudier tout ce que laisse de trivial,

de laid, d'épaté et de sordide, sur un visage humain,
l'habitude des pensées basses et mesquines. La nuit, je
me dédommageais de ces horribles travaux, dont ceux
qui les ont faits peuvent seuls soupçonner les nausées,
en dessinant à la lampe des sujets ascétiques traités à
la manière allemande, et entremêlés de pantalons mi-
partis, de lapins blancs et de bardane.

VI

RENCONTRE

Un soir, j'entrai, près de l'Opéra, dans un divan où
se réunissaient des artistes et des littérateurs; on y
fumait beaucoup, on y parlait davantage. C'étaient des
figures toutes particulières : il y avait là des peintres
à tous crins, d'autres rasés en brosse comme des cava-
liers et des têtes-rondes. Ceux-ci portaient les moustaches en croc et la royale, comme les raffinés du temps
de Louis XIII ; ceux-là laissaient gravement descendre
leur barbe jusqu'au ventre, à l'instar de feu l'empereur
Barberousse : d'autres l'avaient bifurquée comme celle

des christs byzantins; le même caprice régnait dans les coiffures : les chapeaux pointus, les feutres à larges bords y abondaient; on eût dit des portraits de Van Dyck, sans cadre. Un surtout me frappa : il était vêtu d'une espèce de paletot en velours noir qui, pittoresquement débraillé, permettait de voir une chemise assez blanche; l'arrangement de ses cheveux et de son poil rappelait singulièrement la physionomie de Pierre-Paul Rubens; il était blond et sanguin, et parlait avec beaucoup de feu. La discussion roulait sur la peinture. J'entendis là des choses effroyables pour moi, qui avais été élevé dans l'amour de la ligne pure et dans la crainte de la couleur. Les mots dont ils se servaient pour apprécier le mérite de certains tableaux étaient vraiment bizarres. « Quelle superbe chose! s'écriait le jeune homme à tournure anversoise; comme c'est tripoté! comme c'est torché! quel ragoût! quelle pâte! quel beurre! il est impossible d'être plus chaud et plus grouillant. » Je crus d'abord qu'il s'agissait de préparations culinaires; mais je reconnus mon erreur, et je vis qu'il était question du tableau de M. ***, dont le jeune peintre à barbiche blonde se posait l'admirateur passionné. On parlait avec un mépris parfait des gens que j'avais jusque-là respectés à l'égal des dieux, et mon maître en particulier était traité comme le dernier des rapins. Enfin, l'on m'aperçut dans le coin où je m'étais tapi comme un cerf acculé, tenant un coussin sous chaque bras pour me donner une contenance, et l'on me força à prendre une part active à la conversation. Je suis, je l'avoue, un médiocre orateur, et je fus battu à plate couture. On pluma sans pitié mes ailes d'ange, on contamina de punch et de sophismes ma blanche robe séraphique ; et, le lendemain, le peintre à paletot de velours noir vint me prendre et me conduisit à la galerie du Louvre, dont je n'avais jamais osé dépasser la première salle : je me hasardai à jeter un regard sur les toiles de Rubens, qui m'avaient jusqu'alors été interdites avec la plus inflexible sévérité ; ces cascades de chairs blanches saupoudrées de vermillon, ces dos satinés où les perles s'égrènent dans l'or des chevelures ; ces torses pétris avec une souplesse si facile et si onduleuse, toute cette nature luxuriante et sensuelle, cette fleur de vie et de beauté répandue partout, troublèrent profondément ma candeur virginale. Le cruel peintre, qui voulait ma perte, me tint une heure entière le nez contre un Paul Véronèse ; il me fit passer en revue les plus turbulentes esquisses du Tintoret, et me conduisit aux Titien les plus chauds et les plus ambrés; puis il me ramena dans son atelier orné de buffets de la renaissance, de potiches chinoises, de plats japonais, d'armures gothiques et circassiennes, de tapis de Perse, et autres curiosités caractéristiques; il avait précisément un modèle de femme, et, poussant devant moi une boîte de pastel et un carton, il me dit : « Faites une pochade d'après cette gaillarde! voilà des hanches un peu Rubens et un dos crânement flamand. » Je fis, d'après cette créature, étalée dans une pose qui n'avait rien de céleste, un croquis où je glissai timidement quelques teintes roses, en retournant à chaque fois la tête pour m'assurer que mon maître n'était pas là. La séance finie, je m'enfuis chez moi l'âme pleine de trouble et de remords, plus agité que si j'eusse tué mon père ou ma mère.

VII

CONVERSION

J'eus beaucoup de peine à m'endormir, et je fis des rêves bizarres où je voyais scintiller dans l'ombre des spectres solaires, et s'ouvrir des queues de paon ocellées de pierres précieuses et jetant le plus vif éclat, des draperies fastueuses, des brocarts épais et grenus, des brocatelles tramées d'or et magnifiquement ramagées, se déployant à larges plis; des cabinets d'ébène incrustés de nacre et de burgau ouvraient leurs portes et leurs tiroirs, et répandaient des colliers de perles, des bracelets de filigrane et des sachets brodés. De belles courtisanes vénitiennes peignaient leurs cheveux roux avec des peignes d'or, pendant que des négresses, à la bouche d'œillet épanoui, leur tenaient le miroir sous des péristyles à colonnes de marbre blanc, laissant entrevoir dans le fond un ciel d'un bleu de turquoise. Ce cauchemar hétérodoxe continua lorsque je fus éveillé, et, quand j'ouvris ma fenêtre, je m'aperçus d'une chose que je n'avais pas encore remarquée : je vis que les arbres étaient verts et non couleur de chocolat, et qu'il existait d'autres teintes que le gris et le saumon.

VIII

COUP D'ÉCLAT

Je me levai, et, ma cravate montée jusqu'au nez, mon chapeau enfoncé jusqu'aux yeux, je sortis de la maison sur la pointe du pied avec un air mystérieux et criminel ; en ce moment, je regrettais fort la mode des manteaux couleur de muraille ; que n'aurais-je pas donné pour avoir au doigt l'anneau de Gygès, qui rendait invisible ! Je n'allais cependant pas à un rendez-vous d'amour, j'allais chez le papetier acheter quelques-unes de ces couleurs prohibées que le maître bannissait des palettes de ses élèves. J'étais devant le marchand comme un écolier de troisième qui achète *Faublas* à un bouquiniste du quai ; en demandant certaines vessies, le rouge me montait à la figure, la sueur me rendait le dos moite ; il me semblait dire des obscénités. Enfin, je rentrai chez moi riche de toutes les couleurs du prisme. Ma palette, qui jusque-là n'avait admis que ces quatre teintes étouffées et chastes, du blanc de plomb, de l'ocre jaune, du brun rouge et du noir de pêche, auxquelles on me permettait quelquefois d'ajouter un peu de bleu de cobalt pour les ciels, se trouva diaprée d'une foule de nuances plus brillantes les unes que les autres ; le vert Véronèse, le vert de Scheele, la laque garance, la laque de Smyrne, la laque jaune, le massicot, le bitume, la momie, tous les tons chauds et transparents dont les coloristes tirent leurs plus beaux effets, s'étalaient avec une fastueuse pro-

fusion sur la modeste planchette de citronnier pâle.
J'avoue que je fus d'abord assez embarrassé de toutes
ces richesses, et que, contrairement au proverbe,
l'abondance de biens me nuisait. Pourtant, au bout
de quelques jours, j'avais assez avancé un petit tableau
qui ne ressemblait pas mal à une racine de buis ou à
un kaléidoscope; j'y travaillais avec acharnement, et
je ne paraissais plus à l'atelier.

Un jour que j'étais penché sur mon appui-main,
frottant un bout de draperie d'un scandaleux glacis de
laque, mon maître, inquiet de ma disparition, entra
dans ma chambre, dont j'avais inprudemment laissé
la clef sur la porte; il se tint quelque temps debout
derrière moi, les doigts écarquillés, les bras ouverts
au-dessus de sa tête comme ceux du *Saint Symphorien*, et, après quelques minutes de contemplation
désespérée, il laissa tomber ce mot, qui traversa mon
âme comme une goutte de plomb fondu :

— Rubens !

Je compris alors l'énormité de ma faute; je tombai
à genoux et je baisai la poussière des bottes magistrales; je répandis un sac de cendre sur ma tête, et
par la sincérité de mon repentir, ayant obtenu le pardon du grand homme, j'envoyai au Salon une peinture

à l'eau d'œuf représentant une madone lilas tendre et un Enfant Jésus faisant une galiote en papier.

Mon succès fut immense; mon maître, plein de confiance dans mes talents, me fit dès lors peindre dans tous ses tableaux, c'est-à-dire donner la première couche aux *ciels* et aux *fonds*. Il m'a procuré une commande magnifique dans une cathédrale qu'on restaure. C'est moi qui colorie avec les teintes symboliques les nervures des chapelles qu'on a débarrassées de leur odieux badigeon; nul travail ne saurait convenir davantage à ma manière simple, dénuée de chic et de ficelles; les maîtres du Campo-Santo eux-mêmes n'auraient peut-être pas été assez primitifs pour une pareille besogne. Grâce à l'excellente éducation pittoresque que j'ai reçue, je suis venu à bout de m'acquitter de cette tâche délicate à la satisfaction générale, et mon père, rassuré sur mon avenir, ne me criera plus désormais : « Tu seras avocat ! »

MONOGRAPHIE DU BOURGEOIS PARISIEN

Qu'est-ce que le bourgeois ? Question grave et tout à fait palpitante d'actualité, comme disent les journalistes. Ouvrez tous les dictionnaires, même celui de l'Académie, et vous trouverez au mot bourgeois cette explication : « Habitant d'une ville ayant droit de bourgeoisie. » Ce n'est assurément pas dans ce sens-là que nous devons le prendre aujourd'hui, et l'on ne voit presque personne s'en servir avec cette acception.

Le bourgeois n'est pas une chose, c'est un être ; certaines ressemblances éloignées ont d'abord fait croire qu'il appartenait au genre homme; en effet, il est bipède et bimane; c'est ce qui a induit les naturalistes en erreur. Des quadrupèdes peuvent apprendre à marcher sur les pieds de derrière, cela se voit tous les jours, les chiens savants en font preuve; et cependant, qui a jamais songé à dire que les chiens étaient des hommes? Il ne peut pas être non plus classé dans la catégorie des singes : les singes sont mieux faits, plus vifs, plus jolis et plus spirituels; ils font des tours de passe-passe et se pendent par la queue aux branches d'arbre pour jouer à l'escarpolette, ce dont le bourgeois a été unanimement reconnu incapable.

Au risque d'augmenter les divisions et les classifications déjà trop nombreuses de l'histoire naturelle, je crois qu'il faut reconnaître dans le bourgeois une espèce particulière; car on ne saurait raisonnablement le rattacher ni aux fissipèdes, ni aux batraciens, ni aux sauriens, ni même aux échassiers et aux crustacés, quoiqu'il soit diablement encroûté *sui generis*.

Je voudrais bien donner une description exacte et succincte de l'animal; mais cela ne laisse pas que d'être difficile. Le bourgeois est un et multiple, et, dans son espèce, il est ce que sont les chiens dans la leur.

Il y a des chiens noirs, il y a des chiens blancs, il y en a de pies; les uns ont les pattes tortues et les oreilles traînantes, les autres ont le museau pointu et le poil ras; mais lévriers, caniches, bassets, dogues, carlins, quoique très-différents entre eux, se font aisément reconnaître pour chiens, et personne ne s'y trompe.

Il en est de même du bourgeois : chauve, ventru, avec ou sans favoris, le nez rouge ou bleu, l'œil vert ou jaune, la jambe circonflexe et l'échine prolixe, il n'en est pas moins un bourgeois; et tout homme qui passe et le voit marcher ou s'asseoir, dit avec un ricanement singulier : « C'est un bourgeois. »

Un signe distinctif et principal des bourgeois, c'est un immense col de chemise, en toile fortement empesée, qui lui monte par-dessus la tête et l'empêche de mettre son chapeau, qu'il porte habituellement à la main. L'oreille du malheureux, qui ordinairement est écarlate et recouverte d'un duvet blanc comme celui d'une feuille de bardane, se trouve, malgré son innocence, impitoyablement guillotinée par ces deux triangles blancs. Grâce à ce monstrueux col de chemise qui le fait ressembler à des fleurs enveloppées dans du papier, le bourgeois a toujours l'air d'aller souhaiter la fête à quelqu'un et de lui apporter sa tête en guise de bouquet.

Toutes les fois que vous verrez cette muraille de toile au col d'un individu, quelles que soient d'ailleurs les formes de son corps et les couleurs de son pelage, et ses rapports avec l'homme, ne vous y laissez pas tromper : c'en est un.

L'époque, du reste, est excellente pour étudier le genre. La fête de Saint-Cloud fait sortir le bourgeois de sa tanière ; car, depuis un temps immémorial, le bourgeois se croit obligé d'aller à la fête de Saint-Cloud. C'est le premier dimanche, mettons-nous à la fenêtre ; il ne pleut pas trop pour un dimanche et nous allons voir défiler dans la rue la ménagerie complète. Ils pullulent le long des maisons, et se répandent à droite et à gauche comme des cloportes effarés qu'on vient de déranger sous leur pierre.

En voici un qui débouche sur la place ; il s'avance en soufflant comme un hippopotame à travers les roseaux, il pousse péniblement son ventre devant lui ; il est rouge, il est bleu, il est violet ; la sueur coule en gouttes plus grosses que des noisettes, le long de son respectable nez ; il va crever d'apoplexie, cet excellent garde national et père de famille. Il tient dans un bras un melon ; car le bourgeois et le melon ont toujours nourri à leur endroit réciproque les plus touchantes sympathies ; le cucurbitacé va au bourgeois et le bourgeois va au cucurbitacé ; on les rencontre toujours bras dessus bras dessous et l'un portant l'autre. Outre le melon, le bourgeois tient à sa main un de ses petits, habillé en artilleur ou en lancier polonais. Ce petit entre tout entier dans son schako, et, comme, du poignet de M. l'auteur de son existence au pavé, la distance est trop grande pour être remplie par ses jambes de six pouces de long et son corps de poupard, il ne touche le sol que de loin en loin, et reste ordinairement pendu par un bras, position peu anacréontique, et il subit ainsi une espèce d'estrapade ambulatoire. Il est étonnant que l'abatis de ces petits êtres ne reste pas aux mains de leurs parents comme une anse de cafetière mal soudée. Le père l'appelle paresseux et traînard, et, de temps en temps, le groupe s'arrête, et la maman relève le schako de l'héritier présomptif pour le moucher et le souffleter.

Regardez, je vous prie, la coupe de cet habit dont les côtés s'écartent comme les volets d'une fenêtre ouverte et laissent voir un abdomen rondelet, cerclé par un gilet de poil de chèvre jaune serin ; elle date au moins de six ou sept ans, car le bourgeois ne prend les modes que lorsqu'elles n'existent plus. Par une combinaison heureuse, l'habit est à la fois trop large et trop étroit, et ses basques montrent l'une pour l'autre l'antipathie la plus féroce ; le pantalon est en drap bleu-flore ou en nankin, à grand pont, avec une ventrière et une boucle. Le sous-pied est une chose inconnue au bourgeois pur sang, de même que la botte. Deux ou trois cachets, clefs de montre et autres breloques en aventurine ou en agate rubanée lui battent harmonieusement le ventre. Le tout est surmonté de cette agréable coiffure, appelée vulgairement tuyau de poêle. Pour la cravate, elle est indubitablement de mousseline blanche comme celle d'un dentiste ; quant aux gants, ils sont méprisés du bourgeois, qui expose intrépidement le cuir rouge de ses pieds de devant aux intempéries de l'atmosphère, ou, s'il en a, il n'en porte qu'un seul en fil d'Écosse, l'autre servant à madame son épouse.

Ce léger crayon de la tournure du personnage vous suffira pour le reconnaître ; seulement, en certaines occasions, le melon est remplacé par un parapluie ou une canne-fauteuil ; car le bourgeois aime ses aises, et, pour être mieux assis, il serait capable de porter sur son dos son canapé de velours d'Utrech, à Romainville ou à Meudon.

Le bourgeois naît d'ordinaire à l'âge de trente-huit ans, le jour où sa femme accouche d'un troisième petit, et où l'on vient de l'élever du simple grade de voltigeur à celui de caporal ; il vit fort vieux, et il a cela de particulier, qu'on n'en voit jamais de jeunes.

Les goûts du bourgeois sont dignes de remarque; au lieu d'aimer ce qui est beau, bien fait, élégant, spirituel ou poétique, il préfère tout ce qui est laid, commun, prosaïque et stupide. En architecture, ce qui le charme, c'est le badigeon et le contrevent vert. « Oh! qui me donnera une maison peinte avec de la peinture au lait et des contrevents à deux couches, un jardin où il y ait des capucines, du persil et de l'oseille! » soupire élégiaquement le bourgeois champêtre qui médite au fond de la rue Saint-Denis l'ineffable douceur de louer, l'été qui vient, une campagne au quatrième à Montmartre ou à Belleville. En effet, il ne peut rien rêver de plus beau. L'hôtel du quai d'Orsay l'écrase sous le faix de l'admiration; des bâtiments carrés, avec des murailles blanches, percées d'une infinité de trous en manière de fenêtres, lui paraîtront toujours le dernier effort de l'art. « Qu'il doit y avoir du logement là dedans, se dit le bourgeois stupéfait d'un luxe si inouï et d'une aussi effrayante débauche d'imagination, et qu'il doit être agréable de demeurer chez le gouvernement, surtout si les escaliers sont éclairés jusqu'en haut le soir! »

Son appartement est arrangé dans un goût spécial;

la salle à manger, qui sert aussi d'antichambre, est tapissée d'un tapis de propriétaire jaune foncé, représentant des pierres dont les joints sont marqués par des raies de couleur blanche ; sous la table, il y a un morceau de tapis et des petits ronds de toile cirée devant les chaises ; le salon, dans lequel il y a ordinairement un lit, est meublé de quatre fauteuils et de deux bergères, le lit occupant la place du canapé ; ce meuble est en acajou, vous n'en doutez pas un instant ; l'acajou a l'amour du bourgeois : il ne rêve qu'acajou, et le moment le plus fortuné de sa vie est celui où un surcroît d'aisance lui permet d'échanger son lit de noyer contre un lit d'acajou. Les rideaux sont en croisé rouge ou jaune, plutôt jaune, car le rouge coûte dix sous l'aune plus cher. Sur la cheminée s'élève majestueusement une pendule à figure de cuivre doré, représentant le Soldat laboureur ou l'Amour essayant de saisir un papillon, à qui le mouvement du balancier donne une oscillation perpétuelle, ce qui fait l'admiration des visiteurs adultes et l'étonnement de ceux qui sont en bas âge. Des gravures sont appendues aux murs, et recouvertes de gaze de peur que le soleil n'en fasse passer les couleurs, comme le fait finement observer le bourgeois ingénieux ; ces gravures sont invariablement des aqua-tinta de Jazet (*proh! nefandum!*), les *Adieux de Fontainebleau* ou quelque chose comme cela, l'*Apothéose de Napoléon*, le *Retour de l'île d'Elbe*, car, depuis que l'empereur est mort, le bourgeois est foncièrement bonapartiste. Quelquefois, lorsque le bourgeois a été membre du Caveau, et qu'il a un goût prononcé pour le gracieux dans l'art, ces sujets belliqueux sont remplacés par *Souvenirs et Regrets* de Dubuffe, ou par *le Lever* et *le Coucher de la mariée* de Maurin, autre dieu du bourgeois égrillard ; mais madame s'y oppose assez souvent, de peur que cela ne donne des idées à mademoiselle, et pour éviter de fâcheuses comparaisons avec ces beautés imaginaires qui font de si libérales exhibitions d'appas, et pleurent leurs amants perdus avec des bouches si souriantes. Quand le bourgeois est un peu aisé, il a dans sa salle à manger des tableaux de nature morte de Joncheries; des œufs sur le plat avec le réchaud et le charbon, et un merlan suspendu par une paille passée dans les ouïes, à un clou fiché dans une planche de sapin ; ce qui l'émerveille, c'est la vérité des grains de poivre et l'ombre portée du clou.

Les veines du bois sont aussi le sujet de profondes réflexions qui se terminent habituellement par cette

Pagination incorrecte — date incorrecte

NF Z 43-120-12

formule exclamative : « Diable de Joncheries, va ! » qui est le cri de l'intelligence bourgeoise aux abois.

Un instant de sa vie bien agréable, c'est le jour où il se fait portraire, lui et sa femme, grand comme nature, et à l'huile. Le bourgeois partage les idées chinoises sur la peinture ; il ne veut ni ombre ni perspective, et fait judicieusement observer au peintre qu'il n'a pas de noir dans la figure, s'étant lavé tout exprès avant la séance et qu'il n'a pas une joue plus grande que l'autre ; de son côté, madame est indignée que l'on ne traite pas ses cheveux un à un, et trouve que l'artiste est bien avare de lis et de roses dans la reproduction de sa gracieuse figure. L'œuvre terminée, il est très-amusant, à l'époque de l'exposition, de voir le spirituel couple chercher dans les travées du Louvre son duplicata entouré d'un beau cadre, et le découvrir enfin sous la corniche, au huitième ou dixième rang, dans un endroit où l'on n'y voit goutte. Il passe devant Decamps, Delacroix, Boulanger, Ingres ; mais il fait de longues stations devant les niaiseries sentimentales de M. Destouches, et les grisettes vernissées de M. A. Rohen. De toute l'ancienne galerie, il ne connaît que les casseroles de M. Drolling ; cependant le bourgeois a de grandes prétentions en fait d'art ; quelquefois, il joue au Mécène et adresse des compliments et des conseils aux artistes; il donne son opinion souvent sans qu'on la lui demande.

Un individu du plus beau type bourgeois qui se puisse imaginer disait à Géricault : « Monsieur l'artiste, vous avez réellement des dispositions, et, si vous travaillez, je crois que, par la suite des temps, vous pourrez marcher sur les traces de Vernet. » Géricault, nature ardente et fiévreuse, fut si ravi du madrigal, qu'il voulut en jeter l'auteur par la fenêtre; il se contenta de le jeter en bas des escaliers. Le monsieur fut très-étonné de ce traitement, et s'en alla, disant partout que les artistes étaient vraiment tout à fait insociables.

Voici encore une anecdote qui donne la mesure de l'atticisme du bourgeois et de sa haute sagacité dans l'appréciation des œuvres d'art.

Un bourgeois fut admis, je ne sais comment, dans l'atelier de Champmartin pour voir son tableau du *Massacre des janissaires*. C'est un tableau immense, peint avec une fougue étonnante, une férocité de pinceau, un entrain merveilleux, une magnifique débauche de couleur et de dessin. Le bourgeois commença par un bout, se tenant le nez à trois pouces de la toile; Champmartin le suivait pas à pas, craignant qu'il n'enlevât sa couleur encore fraîche et n'emportât sur ses habits deux ou trois janissaires non séchés. Quand le bourgeois fut au bout il se retourna gravement et dit au peintre :

— Monsieur, il doit y avoir joliment des coups de pinceau là-dessus ?

— Oui, répondit l'artiste avec le plus grand sang-froid, sans compter que tout est fait à la main.

Étudions maintenant le bourgeois sous le rapport de ses goûts littéraires.

Le bourgeois n'est pas fort en littérature, ses parents l'ayant empêché d'achever ses humanités, *humaniores litteræ*, de peur qu'il ne se fît poète; il n'a été que jusqu'en troisième, où il a remporté le cinquième accessit en vers latins; cependant il ne sait guère traduire autre chose que *bonum vinum lætificat cor hominis* (le bon vin réjouit le cœur de l'homme), aphorisme qui le charme et au moyen duquel, nonobstant les représentations de sa moitié, il s'infiltre un petit coup de plus sur la fin du repas; *in vino veritas, tarde venientibus ossa, contraria contrariis,* et *castigat ridendo mores,* qu'il interprète librement « le rideau cache les murs. » Cependant, au plus vert de ses mois, il a conté fleurette aux neufs vierges du Pinde. Il a fait un madrigal pour Lisette, une chanson pour la fête de papa et une tragédie d'*Épaminondas* mais il est bien revenu de tout cela et ne vise plus qu'au positif. Seulement, quand il paraît un livre nouveau et une pièce nouvelle, il dit en caressant la rotondité de son abdomen et avec un sourire compréhensif et fraternel :

— Eh ! eh ! si j'avais voulu j'en aurais bien fait d'autres ; car j'avais, si j'ose m'exprimer ainsi, une fameuse tête quand j'étais jeune. Je ne vois pas, d'ailleurs, ce qu'il y a de difficile à faire des vers... avec un dictionnaire de rimes ; mais...

> Pégase est un cheval qui porte
> Les grands hommes à l'hôpital.

Quel dommage que je n'aie pas fini mes études! je vous aurais joliment enfoncé tous ces gaillards-là ; après tout, j'aime mieux être ce que je suis, ces auteurs finissent toujours misérablement.

Cela dit, le bourgeois se renferme dans sa majesté.

Pourtant, tout détaché qu'il est des choses de la littérature, le bourgeois tient à l'honneur et se croit obligé, en sa qualité d'homme, de Français, de citoyen garde national patenté et électeur, d'avoir une bibliothèque de huit cent volumes pour le moins, quoiqu'il ne lise jamais et ne sache même pas épeler bien couramment.

Le corps de la bibliothèque est en acajou; car, nous vous l'avons déjà dit, le bourgeois aime tant l'acajou, qu'il lui serait égal d'être guillotiné si c'était avec une guillotine faite de ce bois précieux et chéri; les portes en sont vitrées pour que l'on puisse admirer les magnificences étalées au dos de tous ces volumes, vertueusement cartonnés à la Bradel (avec des coins en parchemin pour plus de solidité) et rangés catégoriquement sur des rayons spéciaux.

Cette bibliothèque fait la stupeur de madame Balochard et de M. Fromageot, qui ne croyaient pas qu'il existât tant de livres au monde, quoique le possesseur de ces richesses assure avec une modestie affectée qu'effectivement il y a plus de livres que cela à la bibliothèque du roi, par exemple, mais que tous ceux qui sont nécessaires pour former l'esprit et le cœur se trouvent foncièrement réunis là.

Quels sont donc les ouvrages que le bourgeois juge dignes de figurer sur les rayons cirés de sa belle bibliothèque d'acajou à serrure de cuivre dorée? D'abord, et d'un, premier rayon, le Voltaire de Beaudouin en soixante-quinze volumes, avec un volume de tables, objet renaissant de colère pour le bourgeois qui s'estime volé; le Rousseau, toujours de Beaudouin, en vingt-cinq volumes, ce qui fait juste cent volumes, compte rond qui le ravit particulièrement; le bourgeois aime les comptes ronds et la symétrie en tout, et, lorsqu'il voit un tableau ou une gravure, sa principale inquiétude est de savoir s'il y a un pendant. Second rayon : l'*Histoire de France* d'Anquetil, continuée jusqu'à nos jours par Fayot; l'*Histoire ancienne* et l'*Histoire romaine* de Rollin, sans les cartes, le bourgeois se trouvant assez d'intelligence pour comprendre sans cartes. Troisième rayon : le *Cours de littérature* de M. de la Harpe, qui est à ses yeux le premier et le dernier critique du monde; le Buffon par livraisons, avec planches coloriées, qu'il fait voir par récompense à son fils Aristide ou à sa fille Paméla, lorsqu'ils n'ont pas léché la confiture de leur tartine et ne se sont strictement servis que de leur mouchoir pour se moucher. Quatrième rayon : *la Cuisinière bourgeoise, le Parfait Jardinier, la Maison rurale, l'Almanach des Grâces,* la *Biographie des chiens célèbres,* le *Manuel de l'éleveur de serins,* ouvrage qui lui a donné des idées pour l'éducation de ses enfants. *Les Trois Règnes de la nature*, la traduction des *Géorgiques*, par l'abbé Delille, et autres productions de littérature légère trop longues à détailler.

Ce quatrième rayon n'est pas, à beaucoup près, aussi inoffensif qu'il en a l'air; sa feinte bonhomie cache une grande scélératesse et une profonde dépravation; c'est un vrai Tartufe de mœurs, un Beggears, un Yago, tout ce qu'il y a de plus coquin sur la terre.

Derrière ce rang de livres patriarcaux, et sur cette planche inaccessible aux innocences de trois pieds de hauteur, le bourgeois dérobe aux regards indiscrets ses auteurs favoris, quelques petits volumes guillerets, comme il les appelle, propres à recréer les loisirs d'un homme qui espère être bientôt sergent.

Ces ouvrages sont : les *Contes* de Grécourt, *la Guerre des Dieux* et *les Galanteries de la Bible*, de M. le chevalier de Parny, pour lequel il a une estime toute particulière; *le Citateur* de Pigault Lebrun, production défendue et qui brille par une profonde érudition; *le Bon Sens du curé Meslier*, les *Amours secrètes de Napoléon*, le *Tableau de l'amour conjugal* du docteur (Venette, quatre vol., figures, Terry, Palais-Royal); *le Compère Mathieu*, les chansons égrillardes attribuées à Béranger, et *les Ruines* de Volney, ouvrage interdit sous la Restauration et que le bourgeois aime à croire toujours défendu, attendu qu'il l'a payé fort cher du temps qu'il se colportait sous le manteau, et qu'il perdrait beaucoup en le revendant.

Le bourgeois veut du montant et du croustillant dans la littérature qu'il consomme; il est comme Polonius dans la pièce d'Hamlet: « Donnez-lui quelque gigue ou quelque gravelure; sans cela, il s'endort. » Cela n'empêche pas, du reste, le bourgeois d'être infiniment moral et de monter sa garde.

On s'étonnera peut-être de ne pas rencontrer dans cette liste *la Vie et les Amours du chevalier de Faublas* et le dernier roman de M. de Kock; cela tient à un préjugé du bourgeois; le bourgeois n'admet pas les romans dans sa bibliothèque, parce que ce ne sont point des ouvrages de fonds; il méprise infiniment le roman, qu'il ne trouve pas assez instructif et qu'il regarde comme au-dessous de sa dignité d'homme établi; c'est tout au plus s'il tolère le roman historique, et à son cabinet de lecture il ne loue que des voyages ou des mémoires. C'est sur le compte de madame que sont portés *Jean, Mon Ami Dupont* et *Ni jamais ni Toujours*; quand les enfants sont couchés, madame en lit à haute voix les meilleurs endroits. Pour *Faublas*, production que tout marchand de bougies diaphanes un peu lettré ne peut se dispenser de connaître, il l'emprunte à un ancien commis voyageur, son ami intime et loustic de la maison.

Sur la corniche de cette même bibliothèque sont hissés deux bustes des mêmes Voltaire et Rousseau, édition Beaudouin, le Voltaire drapé à la romaine, le Rousseau en costume arménien. Ces deux portraits sont peints en vert avec de la limaille de cuivre sur le bout du nez pour feindre le bronze. Entre ces grands personnages se prélasse sous verre la peau bourrée de foin du petit chien Milord, les défuntes amours de madame, qui vous regarde tendrement de ses yeux d'émail (Milord, et non madame; vous êtes priés de ne pas confondre). Ce chien empaillé sert de texte aux tirades philosophiques du bourgeois sur la fragilité des choses humaines et sur le tort que l'on a, en général, de trop s'attacher à des animaux et même à des personnes, assertion hardie qui n'empêche cependant pas madame Persil, amie de sa femme, de persister dans sa sympathie pour les bouvreuils et les poissons rouges, petites bêtes pleines d'intelligence et qui ont très-bon cœur.

Le bourgeois, quoi qu'en aient pu dire les malveillants, n'est pas resté étranger au mouvement littéraire de ces dernières années; il connaît M. Victor Hugo; il a lu *Notre-Dame de Paris*, en ayant soin toutefois de passer tout ce qui a rapport à l'art et à l'architecture, et, dans son for intérieur, il ne met pas M. Hugo beaucoup au-dessous de M. Ricard; seulement, il trouve qu'il a un nom désagréable et qui prête à la plaisanterie, Hu-Goth, car le bourgeois manie le calembour assez facilement pour être insupportable en société. D'ailleurs, il n'a pas de préjugés, lui, et il vous accordera volontiers que M. Hugo est un garçon qui ne manque pas de moyens; mais il regrette beaucoup qu'il ne sache pas le français, et ajoute qu'il devrait bien faire écrire ses pièces par Casimir, qu'il appelle aussi Lavigne, intimité touchante et de bon goût.

Une chose qui le choque surtout dans M. Victor Hugo, c'est son penchant à la férocité; il veut absolument qu'il se soit peint au physique et au moral dans Han d'Islande et qu'il ait très-souvent mangé de la chair humaine en déjeunant avec le bourreau Samson; ce qui paraît exorbitant au bourgeois, même pour un homme qui a un nom saxon et de la part de qui l'on peut s'attendre à tout.

— Enfin, monsieur, vous dit le bourgeois exaspéré, et

sorti de son caractère, vous conviendrez que c'est aussi par trop fort de faire un pareil vers :

Ils étaient là tous trois, les deux beaux jeunes hommes!

Hors ce vers, il conviendra que M. Hugo est un grand homme, mais qu'il ferait bien d'étudier Florian et Marmontel; quant à lui, tout cela lui est fort égal, pourvu que l'on respecte *les bustes* et les mœurs, car le bourgeois est pudique comme un gendarme et moral comme un sergent de ville. Il pousse là-dessus le scrupule si loin, qu'il ne voudrait pas mettre le pied avec sa femme et ses filles aux Français ou à la Porte-Saint-Martin, quand on joue un drame nouveau; mais il va sans difficulté au théâtre du Palais-Royal ou des Variétés voir mademoiselle Déjazet dans *Frétillon* ou *Sous Clef*, ou Vernet et Odry dans *Madame Gibou et Madame Pochet*; il ne se refuse même pas *Amphitryon* ou *Georges Dandin*.

Le théâtre qu'il aime le mieux, le théâtre qu'il porte dans son cœur, les vendeurs de contre-marques y compris, c'est le théâtre national de l'Opéra-Comique, genre véritablement français; l'Opéra-comique, voilà qui est charmant et de facile digestion! Des intrigues d'une extrême simplicité et faciles à comprendre, des vers qui sont de la prose, de la prose qui n'est rien du tout, de la musique qui est à peine de la musique, des ariettes, des petits airs, des ponts-neufs, des chanteurs qui parlent en chantant et qui chantent en parlant, presque pas d'instrumentation, des bosquets de roses, des bancs de gazon, des portes de parc avec deux boules de pierre, cela ne donne pas de mauvais rêves et ne vous reste pas sur l'estomac. Une seule chose l'étonne et l'afflige : c'est de ne plus voir Elleviou, ni Martin, ni madame Saint-Aubin, si agréables dans *Paul et Virginie*, il trouve que l'administration est bien maladroite de s'être laissé enlever ces admirables acteurs ; il n'y conçoit vraiment rien.

Un spectacle à ravir la pensée, c'est le bourgeois au spectacle ! pour l'empire de Trébizonde, où la poudre d'or abonde, il ne se dérangerait pas de sa place. L'entr'acte pour lui n'existe pas, le foyer est une chimère. Il est là stoïque et superbe, vissé à son banc, les breloques de sa montre rentrées dans sa culotte, son mouchoir dans sa poche de côté et son habit boutonné jusqu'au col ; car une des préoccupations du bourgeois, c'est la peur d'être volé. Dès que l'on a frappé les trois coups, il dit : « Chut ! » d'une voix de basse-taille, car il ne veut rien perdre de la pièce, ayant payé pour tout entendre. Puis il tire, au lieu de jumelles, un petit télescope de campagne, dont il appuie le bout sur l'épaule du monsieur qui est devant lui, en ayant soin, toutefois, de lui en demander la permission, voulant, dit-il d'un air subtil et malicieux, juger plus sciemment de la fraîcheur de la chanteuse à roulades. En outre, il a l'inconvénient de battre la mesure à faux tout le temps de l'ouverture, et de fredonner tout haut pendant que l'acteur chante, ayant beaucoup de facilité pour ne pas apprendre les airs.

Le jour solennel où il va à la comédie, il dîne à trois heures de mets plus légers qu'à l'ordinaire, et prend une tasse de café pour se tenir éveillé; car le bourgeois, qui a l'habitude de se coucher à neuf heures et demie, n'a jamais pu parvenir à voir bien clairement la fin d'une pièce sans avoir recours à ce moyen artificiel, et le récit du dénoûment qu'il fait à sa femme est toujours prodigieusement embrouillé.

Le bourgeois n'abuse cependant pas du théâtre, même de l'Opéra Comique ; il y va peu souvent, et avec des billets d'administration que lui procure son intime l'ex-commis voyageur, homme qui a les plus belles relations dans le monde et des connaissances partout.

Avec ces bienheureux billets, le bourgeois, qui a négligé de lire les recommandations invisibles perfidement glissées entre deux filets, comme quoi on n'est pas admis le dimanche ni les jours de première, seconde et troisième représentation, se voit outrageusement refusé à la porte, ou bien, s'il est admis, il erre d'un air piteux dans les corridors comme une ombre plaintive que le Styx *innabilis* entoure neuf fois de ses ondes. Il met son nez enflammé d'indignation au judas de toutes les loges, et, d'étage en étage, il présente sa requête à l'ouvreuse de gauche qui l'envoie à celle de droite, et à l'ouvreuse de droite qui le rejette à celle de gauche. C'est une partie de raquette dont le volant est le bourgeois. Quand il est seul, ce n'est encore que demi-mal; mais la tribulation est complète lorsqu'il amène sa famille avec lui. Il est beau de le voir monter et descendre les escaliers, traînant après lui madame, qui grommelle entre ce qu'elle a de dents, et le jeune Aristide et la naïve Paméla, qui suivent *non passibus æquis*, en choppant à chaque marche; le bourgeois, trahi, trompé abandonné de tout le monde, méprisé des ouvreuses, peu considéré de l'inspecteur, est forcé de passer au bureau des suppléments, et finit par payer sa place beaucoup plus cher que tout autre; il se promet bien d'en écrire à tous les journaux de France en général, et au *Constitutionnel* en particulier. Pour comble de malheur, toute la famille, exaspérée de soif, demande à grands cris des rafraîchissements. Le bourgeois a beau prétendre que l'on ne doit jamais boire entre ses repas, et que cela est formellement contraire à toutes les règles de l'hygiène, le trio impitoyable, qui tire un pied de langue, insiste avec pleurs et cris; alors, le bourgeois, bon père et bon époux au fond, pourvu que cela ne lui coûte pas trop cher, craignant de voir sa famille enragée et d'être mordu par sa femme, se décide avec un soupir à saigner ses flancs d'une bouteille de bière, et dit : « Allons ! » Mais, ô calamité sans seconde! ô revers trois fois funeste! au moment d'entrer au café, voici que l'on se trouve face à face avec M. et madame Persinet. Comment faire? Il est impossible de ne pas les inviter à partager ce dispendieux régal; d'ailleurs, ce sera une honnêteté de faite, et la dépense sera la même, considération profonde. Le bourgeois, d'un air simple et majestueux, demande une bouteille de la meilleure, bien fraîche et six verres; le précieux liquide est distribué avec une impartialité remarquable; les enfants, épanouis de plaisir, lèchent la mousse sur leurs lèvres humectées, et, voyant que la conversation est fort animée, ils allongent subitement la main vers la corbeille d'échaudés et en tirent chacun un plus sec que de la pierre ponce, qu'ils s'empressent de mordre à belles dents pour que l'on ne puisse le remettre. Le père s'aperçoit enfin de cette maraude. Son regard s'allume, son sourcil se tord comme un serpent quand on lui marche sur la queue, son nez prend des luisants inaccoutumés ; cependant il se contient et ne veut pas faire une scène, il dissimule et affecte une physionomie sereine ; *sed latet imo in pectore vulnus*, et il se promet bien, à son retour au logis, de fouetter d'importance M. Aristide et mademoiselle Paméla ; ce qu'il exécute religieusement, en leur ordonnant, sous peine de double dose, de ne pas crier, de peur d'éveiller les voisins ; mais ces deux innocentes créatures glapissent, piaillent d'une telle façon, qu'il est obligé de remettre le surplus au lendemain.

Il ne nous reste plus, pour compléter la littérature du bourgeois, que de le considérer sous le point de vue lyrique. Le bourgeois fait une grande consommation de Béranger et d'Émile Debraux ; toutes les fois qu'il y a un plat et une personne de plus à dîner, il se met à croasser lamentablement à la fin du repas, attendu que le véritable Français est né joyeux et malin, ce qui ne l'empêche pas de vivre et de mourir bête et triste. Quand il a fini, la personne la plus proche de lui, après s'être fait prier une ou deux minutes, continue à piauler sur un autre ton, avec un succès prodigieux ; et ainsi de suite. Le hurlement fait deux fois le tour de la table pour le moins. On commence par *le Dieu des bonnes gens*, et l'on finit par *le Petit Frère, Si j'avais une cave pleine. Miaou, miaou, que veut Minette*, et autres productions anacréontiques et bachiques plus ou moins gazées. La gaze du bourgeois est toujours fort transparente, et il éclaircit les endroits douteux au moyen de sourires et de clignements d'œil pleins de finesse et d'intelligence. L'habitude qu'il a de la chanson lui donne beaucoup de facilité pour en faire lui-même. Annuellement, il en compose une pour la fête de M. Persinet, qui, ce jour-là, traite toutes ses connaissances. Voici un couplet que nous avons retenu, et qui suffira comme échantillon de la poésie lyrique de l'animal :

>Jouis des vertus dont tu brilles,
>En ce jour qui nous réunit,
>Demeure au sein de ta famille,
>Charmant garçon ! fidèle ami.

— Ceci est la véritable chanson, ajoute modestement

le bourgeois, car les chansons de Béranger sont des odes; oui, messieurs, et je suis là-dessus de l'avis d'un journal très-bien rédigé, ma foi, dont j'ai oublié le nom, mais cela ne fait rien à l'affaire.

LE
GARDE NATIONAL RÉFRACTAIRE

Le garde national réfractaire est un homme de bon sens, cosmopolite par goût, qui se soucie peu d'être national, et encore moins garde; il aime mieux être réfractaire.

Les baïonnettes intelligentes le séduisent médiocrement; car il trouve qu'il ne faut pas une grande intelligence pour planter un morceau de fer dans le ventre de n'importe qui.

Le soldat citoyen lui paraît une invention assez pauvre; c'est bien assez d'être l'un sans être l'autre.

L'épicier enté sur le Tamerlan, ou, si vous aimez

mieux, le Tamerlan enté sur l'épicier n'a pas le don de le ravir.

Le réfractaire allègue que c'est une mauvaise manière de garder sa maison que de s'en aller dans un quartier fort éloigné, pour donner toute facilité aux amants et aux voleurs, en faveur de qui la milice urbaine a été certainement inventée ; il dit aussi que ce n'est pas la peine de payer quatre cent mille fainéants, qui n'ont d'autre occupation que de regarder sur les boulevards les confrères de Bilboquet, et de courtiser les bonnes d'enfants dans les jardins publics, si l'on doit faire leur besogne soi-même.

Il prétend que jamais on ne lui a envoyé de tourlouroux pour écrire son feuilleton, et qu'alors il ne doit pas faire la faction des susdits tourlouroux.

Nous ne voyons pas trop ce que l'on pourrait répondre à ce raisonnement.

Un autre motif qu'il donne, et qui est assez plausible, c'est que, s'il avait les trois cents francs qu'il faut pour s'équiper, il s'empresserait d'acheter un habit noir pour remplacer le sien, dont les coutures blanchissent, dont les boutons s'éraillent. Il se procurerait des bottes sérieuses, car les siennes rient aux éclats, *et rien n'est plus sot qu'un sot rire*, s'il faut en croire le proverbe grec; il commanderait aussi un pantalon à son tailleur, afin de restaurer un peu son élégance, qui périclite visiblement.

Ensuite, il lui répugne de paraître déguisé dans les rues en dehors des jours de carnaval, surtout quand le déguisement consiste en un bonnet de sauvage, un habit indigo, relevé d'agréments sang de bœuf, écartelé de buffleteries badigeonnées au blanc d'Espagne, avec une giberne qui vous bat l'opposé du devant, un briquet et une baïonnette, gigantesques breloques placées à l'envers, qui vous tambourinent odieusement sur les mollets, ou sur les tibias, si vous n'avez pas de mollets.

Mais, hélas! tout n'est pas rose dans le métier de réfractaire; au contraire!

Autant vaudrait être caniche d'aveugle, femme galante, cheval de fiacre, servante de vieille fille, acteur à la banlieue, souffleur au Cirque-Olympique pendant les représentations de Carter, culotteur de pipes, retourneur d'invalides, promeneur de chiens convalescents, journaliste même, si la pudeur permet de s'exprimer ainsi!

Le voleur à la tire, le rinceur de cambriole, ceux qui font la grande soulasse sur les trimards, mènent une vie charmante en comparaison.

Le réfractaire, qui avait pris son logement sous le nom d'une femme ou d'une personne partie pour Tombouctou, au risque de voir son prête-nom, femelle ou mâle, lui dérober son acajou, a été dénoncé par un ami de cœur qui mériterait de s'appeler Goulatromba, comme celui du bohème Zafari, dans la pièce de *Ruy Blas*, ou par son propriétaire, avec lequel il s'est querellé sous prétexte de terme à ne pas payer, ou de réparations à faire.

En vain il s'est intitulé madame Durand, mademoiselle Zinzoline, ou même madame Mitoufflet ; en vain il a essayé d'entrer dans la peau des septuagénaires les plus notoires ; en vain il a tâché de s'escamoter, de s'annihiler, de se supprimer, de se rayer du nombre des vivants, de devenir une ombre impalpable ; le conseil de recensement a les yeux ouverts sur lui, il le connaît, sait son nom véritable, ses prénoms et son état. Rien n'a servi.

Pourtant ce malheureux ne recevait ses lettres que par une main tierce, quatre jours après les rendez-vous ou les invitations qu'elles indiquaient ; il lisait les journaux de la semaine passée ; il sortait avant le jour et ne rentrait qu'à la nuit tombante pour ne pas être connu dans son quartier, et ne pas faire naître à quelque droguiste, assis sur le pas de sa porte entre une caisse de pruneaux et un tonneau de jus de réglisse, cette idée sournoise et dangereuse :

— Mais ce monsieur n'est pas de notre compagnie?

Avant cette terrible dénonciation, le réfractaire n'existait qu'à l'état d'utopie, de rêve, de fiction, ou plutôt il n'existait pas, ce qui vaut bien mieux; il était parvenu à se faire un petit néant très-confortable, dans lequel il vivait comme un rat dans un fromage. Tout ce bonheur n'est plus; il est constaté maintenant et prouvé aussi clairement qu'une règle d'arithmétique, il est forcé d'être lui-même.

À dater de ce jour, il tombe chez son portier, qui a beau prétendre ne pas le connaître, une neige de papiers plus ou moins incongrus (la comparaison serait plus juste si les papiers étaient propres), tels que billets de garde, citations au conseil de discipline, condamnations en vingt-quatre heures de prison, et autres balivernes en français civique.

Ces papiers alimentent pendant longtemps le cabinet intime du réfractaire, ou lui servent à allumer sa pipe quand il fume; il fume toujours. Les vingt-quatre heures se changent en **quarante-huit heures**. Les soixante-douze heures ne vont pas tarder à paraître.

Pour ne pas être pris, le réfractaire laisse pousser ses cheveux s'il les avait courts, les coupe s'il les avait longs; met un faux nez de cire vierge comme Edmond du Cirque-Olympique, quand il jouait l'empereur; se colle des favoris postiches et se grime en sexagénaire pour dérober son signalement aux mouchards, aux argousins et aux gardes municipaux.

Comme il sait que le renard est bientôt pris s'il n'a qu'un terrier, il en a cinq : trois à la ville et deux à la campagne; un cabriolet de régie stationne perpétuellement à la porte de derrière du logement qu'il habite ce jour-là; car, à l'exemple de Cromwell, il ne couche jamais deux fois dans la même chambre, et, comme les chats, ne dort jamais que d'un œil.

La nuit, il a des cauchemars affreux; la patte de crabe d'un mouchard lui serre la gorge et l'étouffe; il voit les spectres de Dubois, de Ripon, de Duminil, de Werther, déguisés en hommes et vêtus d'effroyables redingotes vertes; ils agitent de fulgurantes condamnations à soixante-douze heures, et ricanent affreusement en montrant leurs crocs et leurs défenses de sanglier. Des portes doublées de fer se referment sur lui; il entend grincer des verrous, glapir des gonds mal graissés; des geôliers avec des bonnets de peau d'ours, comme ceux des mélodrames, trainent des paquets de chaines et de ferrailles; il descend des escaliers, parcourt des corridors sans fin, dont de rougeâtres reflets éclairent la profondeur; ces corridors deviennent de plus en plus étroits, les murailles se rapprochent, les voûtes se baissent, les planchers s'élèvent; il se trouve pris dans un entonnoir de pierre, incapable de faire un mouvement, enchâssé comme une pomme dans un ruisseau gelé; après des efforts inouïs, il parvient à jeter de côté sa couverture et s'éveille.

O ciel! il est déjà quatre heures et demie, un pâle rayon du jour pénètre à travers les côtes des persiennes, toujours fermées pour faire croire à une absence; le soleil va se lever, et avec lui le garde municipal.

Le réfractaire se précipite à bas du lit, chausse à la hâte des bottes non cirées, un habit peu brossé, un pantalon crotté de la veille, et, sans s'être ni lavé ni peigné, ni rasé, se glisse dans la rue en longeant les maisons, comme une hirondelle qui veut prendre des mouches.

La lueur bleue du matin lutte péniblement avec les jaunes clartés des réverbères qui grésillent dans le brouillard; la ville dort encore d'un profond sommeil; à peine si les laitières, entourées d'amphores de fer-blanc.

commencent à déboucher au coin des rues avec leurs petites charrettes ; il n'y a que les rogomistes dont les boutiques soient ouvertes; les vidangeurs y boivent le *blanc* du matin. Le réfractaire, malgré son goût pour les parfums, est bien forcé, transi de froid et las de battre l'antiffe (c'est le terme), d'entrer aussi chez le rogomiste, et, sous peine d'être assommé, il se voit obligé de trinquer avec ces messieurs.

Enfin, un cabriolet paraît ! le réfractaire le hèle, et il part pour la cachette campagnarde; il n'a pas encore été pris! Werther arrive et trouve l'oiseau déniché.

Ordinairement, le réfractaire est un homme de construction athlétique, qui broierait d'un coup de poing l'Hercule de marbre des Tuileries; il a cinq pieds et demi de haut, six de tour, et porte cinquante livres à bras tendu; ce qui fait qu'il n'a pas besoin, pour se rassurer sur son aptitude physique, de jouer au militaire comme les petits bourgeois rachitiques et bossus, qui n'ont pas d'autre moyen de prouver à leur femme qu'ils sont très-forts et très-redoutables. Sa prétention est d'être malade; au besoin, il vous soutiendrait qu'il est mort et déjà *très-avancé*, sentez-le.

Il faut le voir devant le conseil de révision; il se fait apporter en brancard; quatre estafiers le soutiennent sous les bras; avant de partir, il a fait son testament; il va passer tout à l'heure, et retourner aux cieux, d'où il n'aurait pas dû descendre; il s'est fardé avec du bleu de billard et du karis à l'indienne; il a la fièvre jaune ou le choléra bleu de ciel, un choléra des plus asiatiques. Sauvez-vous, ces maladies sont contagieuses !

Le chirurgien de la légion, qui est le vrai médecin Tant-Mieux de la fable, et ne croit à aucune maladie, l'envoie se débarbouiller, et le déclare apte au service.

Le réfractaire, battu sur ce point, s'avoue timidement phthisique au troisième degré; sa vaste poitrine, où les soufflets d'une forge joueraient à l'aise, lui inspire cette prétention qui heureusement ne fut jamais plus mal fondée ; la phthisie ne réussit pas mieux que le choléra-morbus, et la fièvre jaune. Alors, le réfractaire désespéré, acculé dans ses derniers retranchements, comme le sanglier de Calydon, prétend être atteint d'une endo-cardite très-perfectionnée.

L'endo-cardite est la dernière maladie inventée par les médecins à la mode; elle consiste dans un certain épaississement de la membrane interne du cœur, qui n'est pas des plus aisés à constater ; les symptômes en sont très-agréables : vous n'aviez pas l'endo-cardite, vous étiez maigre, jaune, mal portant; dès que vous en êtes atteint, votre figure se remplit, se colore; vous avez l'œil d'un éclat admirable, l'embonpoint satine votre peau, vos bras se développent, vous devenez ce que les portières appellent un bel homme.

Le chirurgien, étonné d'une si belle maladie, déclare que l'endo-cardite existe en effet, mais que l'endo-cardite est plus propre que tout autre au service de la garde nationale.

Le réfractaire se retire après avoir grommelé quelques injures contre les membres du conseil de révision, qui sont de vénérables marchands de suif, d'augustes menuisiers, de magnanimes fabricants de bas de filoselle et de petits avocats chafoins, à l'œil vairon, au teint bilieux, qui débitent de grands réquisitoires et s'exercent à demander des têtes en mouchant la chandelle avec leurs doigts.

C'est alors que commence une effroyable persécution; l'orgueil des charcutiers, blessé au vif, se soulage par des poursuites furibondes. Jamais assassin, jamais voleur, jamais accusé politique ne fut traqué aussi rudement.

Lorsque ses terriers sont éventés, l'infortuné n'a d'autre ressource que d'avoir quelques bonnes fortunes. C'est là le plus triste : il déploie ses grâces les plus exquises; il est adorable, il est charmant, et fait si bien qu'on oublie de le renvoyer; voilà un gîte de plus.

Mais les municipaux connaissent les affaires de cœur : Werther paraît; mieux vaudrait l'amant ou le mari même, un pistolet dans chaque main.

— Monsieur, je viens pour vous arrêter.

— Ah! très-bien; déployez votre commissaire et son écharpe : je ne suis pas assez lié avec vous pour ne pas faire de cérémonie.

Werther n'a pas de commissaire sur lui, et va chercher le plus voisin.

Pendant qu'il essaye d'éveiller l'auguste fonctionnaire, le réfrataire, vêtu d'un simple pantalon, se jette dans une voiture et se sauve chez des parents qu'il a dans une banlieue quelconque; ses habits ne lui parviennent que deux jours après; pendant tout ce temps, il est resté roulé dans une couverture, l'habit de son parent étant beaucoup trop étroit pour lui.

Cette vive alerte le fait redoubler de surveillance; la consigne des portiers est plus sévère que jamais : il faut, pour parvenir jusqu'à lui, un mot d'ordre, une manière cabalistique de sonner; les gens les plus connus deviennent suspects au Cerbère, qui ne laisse passer personne ; votre père est renvoyé comme mouchard ; votre meilleur ami, comme **garde municipal**.

Quelques jours après, le réfractaire reçoit des lettres dans ce genre :

« Mon chéri,

» Je suis venue l'autre jour pour te voir et passer une partie de la journée avec toi ; nous aurions été dîner ensemble, et ensuite au spectacle ; j'étais libre jusqu'à demain…; jusqu'à demain ! pleure de rage en y songeant.

» Mais ton portier n'a pas voulu me laisser monter : il a prétendu que tu n'y étais pas, et que, d'ailleurs, je devais être un gendarme déguisé.

» Que veut dire cette folie ? Ah ! si tu me trompais, je saurais me venger.

» Alida. »

« Mon vieux,

» Ah çà ! quel diable de portier as-tu donc ?

» Hier, je suis venu pour te rapporter les cinq cents livres que je te devais, il m'a reçu comme plusieurs chiens dans un jeu de quilles : il m'a dit qu'on ne te connaissait pas dans la maison.

» J'ai vu qu'il me prenait pour un créancier, alors j'ai exhibé le bienheureux sac, et je lui ai montré que j'étais précisément le contraire d'un tailleur ; mais il m'a répondu qu'il connaissait ces frimes-là, et qu'il était un vieux dur-à-cuire, ayant servi sous Napoléon.

» J'ai insisté, et j'ai vu le moment où il allait me casser son balai sur la tête.

» Maxime de Boisgontier. »

Ce n'est pas tout.

La tête du malheureux réfractaire est mise à prix. Le mouchard qui l'arrêtera aura une prime de vingt francs (cinq francs de moins que pour un loup, cinq de plus que pour un noyé), car il faut que le crime de lèse-épicerie soit puni.

M. Crapouillet a déclaré que, si le délinquant ne montait pas sa garde, il vendrait son uniforme et enverrait la garde nationale à tous les diables. M. Pitois, M. Jabulot et M. Gavet sont du même avis.

Des argousins font pied de grue à toutes ses portes,

de façon qu'il est prisonnier dans la rue, et ne peut plus rentrer dans aucun de ses domiciles.

Le réfractaire passe alors à l'état de vagabond : il se promène toute la journée sur les boulevards extérieurs, couche dans les fossés ou sur les arbres; il ne demeure plus, il perche. S'il avait toujours cinq sous, il représenterait le Juif errant au naturel; sa barbe longue ajoute à l'illusion, sa mine hâve, son manteau frangé de crotte ne la détruisent pas; aussi, les gendarmes qui passent lui trouvent l'air suspect et le soupçonnent fort d'être quelque galérien échappé du bagne.

L'inquiétude visible avec laquelle le réfractaire suit leurs mouvements ne leur laisse aucun doute, car le réfractaire est comme Bertrand, *il n'est pas maître de ça*. Ils fondent sur lui la pointe haute, en lui criant d'une voix plus éclatante que le clairon du jugement dernier :

— Brigand, rends-toi, ou tu es mort!

Il se rend.

— Tes papiers, tes passe-ports, ton livret, forçat libéré!

— Je n'ai ni passe-ports ni livret; je me promène.

— Ah! ah! est-ce qu'on se promène avec une

figure comme ça? Tu fais semblant de te promener, mauvais républicain ! Je suis sûr que tu es marqué. Qu'avons-nous fait? avons-nous tué notre mère ou forcé la caisse à papa? avons-nous fait suer le chêne et couler le raisinet?...

Et autres gentillesses de gendarme à forçat.

Le pauvre diable se défend de son mieux; il décline ses nom, prénoms, qualité.

— Suis-nous chez le brigadier, et marche droit, Papavoine, ou nous te mettrons les poucettes.

Il suit les deux gendarmes à cheval, allongeant le pas tant qu'il peut; il sait que le fort de la gendarmerie n'est pas le raisonnement.

Les gamins s'attroupent; les femmes se montrent sur le pas des portes avec leurs marmots au bras.

— A-t-il l'air féroce !

— Il doit avoir tué bien du monde. Oh! le gueux; oh! le scélérat.

— C'te balle; oh! c'te taule !

— J'espère bien qu'on lui coupera la tronche, à celui-là.

— Je parie que je l'attrape à la sorbonne avec un trognon de chou.

Le parieur gagne : le réfractaire, furieux, veut

s'élancer sur le moutard pour lui appliquer une solide correction ; mais les gendarmes le retiennent.

Au bout d'une lieue, on arrive enfin chez le brigadier, qui trouve le cas grave et renvoie le prévenu devant le commissaire. Le commissaire demeure justement une lieue plus loin, et c'est encore un demi-myriamètre à faire au derrière d'un cheval : c'est agréable.

Heureusement, le commissaire est un homme de bon sens, ou à peu près ; le prisonnier se réclame de personnes connues, et le commissaire le fait mettre en liberté, non sans lui avoir débité un petit discours paternel sur les hautes vertus de l'ordre de choses et l'excellence du gouvernement actuel, à qui rien n'échappe, et qui fait arrêter même les innocents, de peur de manquer les coupables.

Le réfractaire, parfaitement édifié, se retire, et, décidé à braver tout, rentre effrontément chez lui, où il vit dans le plus profond repos pendant une semaine ; car les argousins ne peuvent se figurer qu'un homme qui a dix-huit jours de prison puisse ne pas être en fuite, et le cherchent dans les quartiers les plus éloignés.

Cependant, chaque coup de sonnette lui cause un soubresaut nerveux et le fait plonger dans une armoire, où il entre en trois morceaux.

A la fin, les argousins se ravisent et reviennent se mettre de planton à sa porte.

Un beau matin, en sortant de chez lui, il sent la patte d'un garde municipal lui tomber sur le collet comme une massue; il entend tonner à son oreille cette phrase formidable :

— Au nom du roi et de la loi, je vous arrête !

Quatre argousins, munis de gourdins monstrueux, se tiennent à distance; la résistance est impossible; le commissaire est là, tout auprès dans un fiacre, avec son écharpe et sa commission, rien n'y manque.

Le réfractaire est pris. Il a fallu pour cela un an de poursuites, et cinq mouchards qui auraient beaucoup mieux fait d'appliquer leur intelligence à prendre des voleurs ou des assassins.

Cette résistance a coûté au réfractaire :

Deux cents heures de cabriolet, ci 400 francs, sans compter les pourboires; deux logements à la campagne de 300 francs chacun, ci 600 francs; trois appartements en ville, ensemble 2,000 francs; pourboires donnés à la contre-police du réfractaire, 100 francs; la perte d'un ami qui devait 500 francs, ci 500 francs; la perte de mademoiselle Alida, qui ne peut s'évaluer que moralement; la perte de cent journées de travail, valant 2,000 francs au moins;

achats de faux nez, moustaches et favoris postiches et autres déguisements, 150 francs ; affaires manquées, billets protestés pendant des absences, 1,000 francs. Total : 6,750 francs.

Sans compter les rhumes de cerveau, les fluxions et autres incommodités attrapées dans les fuites nocturnes et matinales, et les brusques passages d'un lieu chaud dans un lieu froid.

Pendant un an, le réfractaire a connu les angoisses des voleurs et mené la vie errante des proscrits, la plus atroce vie que l'on puisse imaginer, le tout pour aboutir à ce Spielberg du quai d'Austerlitz, que l'on nomme Maison d'arrêt de la Garde Nationale, et plus familièrement, Bazancourt, ou l'Hôtel des Haricots.

Peintres, artistes, sachez-lui gré de ce magnifique entêtement à ne pas porter un costume ridicule de forme, et dont les couleurs sont d'une fausseté révoltante ; car c'est pour cela même qu'il ne veut pas être garde national.

LE MAITRE DE CHAUSSON

Vous avez sans doute vu, si le hasard ou toute autre raison vous a conduit aux barrières, aux Funambules, sur la place Maubert, dans la rue Mouffetard, ou en tout autre lieu fréquenté par cette intéressante partie du peuple français que l'on désigne sous les dénominations de gamins, de titis et de voyous, deux champions en attitude, agitant les bras et les jambes avec des gestes bizarres, et prononçant la phrase sacramentelle : « Numérote tes os, que je te démolisse ! » Et vous avez passé en détournant la tête, car, au bout de quelques secondes, le sang jaillissait des nez réciproques, et de larges iris ne tardaient pas à cercler d'auréoles prismatiques les yeux des combattants : — c'étaient des *arsouilles* qui *tiraient la savate.*

Mais, si la curiosité vous pousse à vous mêler au groupe déguenillé qui entoure les athlètes crapuleux, vous entendrez un vocabulaire étrange, qui surprendrait beaucoup messieurs de l'Académie. La langue française n'est pas si pauvre qu'on le dit. Les malins donnent des conseils et raisonnent sur la valeur des coups : « Allons, *tape-lui sur la terrine, mouche-lui le quinquet, surine-lui le nez, ça l'esbrouffera* ; quand on saigne, ça écœure. — Est-ce que ta peau n'est pas payée, a toi? On dirait que tu as peur de la gâter. — Hue! hue! Xi! xi! Mords donc! pousse dessus à mort! » Et autres interjections de même farine. L'apparition d'un sergent de ville, signalé à l'horizon par quelque vigie hissée sur la hune d'une borne, dissipe les acteurs et les spectateurs de ce tournoi d'un nouveau genre.

— Ouf! dit l'un, je crois que j'ai le *brochet décroché*, mais je lui ai joliment *labouré* la jambe, et mon coup de *ramasse* était fameux. Je lui ai pelé la *grève* comme une pomme; le *zeste* est venu. Si j'avais su, je lui aurais coulé un saut ou fauché le changement de *garde*, et il aurait été *esquinté* à fond.

— Cré-nom! fait l'autre en rajustant les lambeaux

de son bourgeron, que c'est bête de taper sur les effets du monde. C'est égal, je lui ai envoyé un coup de tampon *sus* le mufle, qu'il ne pourra ni *becquiller* ni *licher* de quinze jours. Ho çà! les autres, qu'est-ce qui paye à boire aux artistes? J'étoufferais volontiers un polichinelle de bleu; rien n'est plus salé que de se bûcher : ça vous altère... Allons, Auguste, un petit verre de fil-en-quatre, histoire de se *velouter* et de se *rebomber* le torse.

La troupe ne peut qu'opiner du bonnet, et s'engouffre avec un touchant empressement dans la boutique de quelque marchand de vin suspect, portant une enseigne hiéroglyphique, comme : les *Ruines de Moscou*, l'*Insecte volage*, la *Femme sans tête* ou le *Puits qui parle*; hideux vestiges oubliés dans les recoins obscurs de la civilisation.

Les petites rues tortueuses, les bouges enfumés, ont toujours beaucoup convenu aux savatiers ; la Cité, ce ténébreux repaire des truands et des mauvais garçons du moyen âge, a toujours été leur retraite favorite.

Il y a quelques années seulement de cela, lorsque Notre-Dame n'était pas encore veuve de son archevêché, les duels et les tournois avaient lieu à la pointe de l'île, près de ce pont que l'on appelle le pont Rouge, sans doute parce qu'il est peint en gris : ce lieu désert était propice à vider les querelles qui avaient ordinairement pour motif la possession de quelque Hélène de bas lieu. Les champions arrivaient suivis de leurs témoins, et demandaient avant de commencer :

— Va-t-on de tout ?

Selon la gravité de l'offense appréciée par les seconds, la réponse était affirmative ou négative. « On va de tout, » cela voulait dire que l'on pouvait se manger le nez, s'extirper les yeux avec le coup de fourchette, s'arracher les oreilles, et se servir des dents et des ongles ; dans le cas contraire, les coups de pied et les coups de poing étaient seuls permis, différence qui représente assez bien les duels au premier sang et les duels à mort. Quand on allait de tout, les bottes secrètes, les coups de traître, tout était bon. En ce temps de barbarie, des maîtres montraient aux barrières, pour deux sous, les trois coups : crever le tympan, faire sauter le globe de l'œil et couper la langue par un coup sous le menton.

Tout ceci doit paraître à nos lecteurs, et surtout à nos lectrices, plus inintelligible que du bas breton, du haut allemand, du théotisque ou du grec. C'est du grec, en effet, comme on le parlait jadis en Argos, s'il faut en croire les étymologistes de la cour des Miracles et du bagne. Cet argot s'expliquera au fur et à mesure : nous en demandons pardon aux Muses, à l'hôtel Rambouillet et aux salons aristocratiques.

La *savate*, que l'on appelle aujourd'hui *chausson*, par euphémisme, est la *boxe* française, avec cette différence que la savate se *travaille* avec les pieds, et la boxe avec les poings.

Comme tous les autres arts, la savate a eu son mouvement ascensionnel, ses phases et ses révolutions. Il y a la savate classique et la savate romantique : le savatier classique est simple comme un tragique du temps de l'Empire ; il n'emploie qu'un petit nombre de mouvements ; ses coups de pied sont bas, et ne montent guère au-dessus du genou ; ses mains restent ouvertes et portent avec les paumes des coups appelés *musettes*, qui se rapprochent plus du soufflet proprement dit que du coup de poing. Ces *musettes* coiffent ordinairement le menton ou le nez. Il ne tient pas la parade, et mouline perpétuellement ; il manque d'assiette, et ne pourrait tenir tête à un adversaire sérieux. Son jeu est tout de tradition et de pratique ; il ne raisonne pas, et la théorie n'est pas son fort. Ce n'est, en effet, que depuis un petit nombre d'années que la savate a été élevée au rang d'art et de science, et s'est placée, dans la hiérarchie des exercices de corps, sur le même rang que l'escrime, l'équitation ou la danse.

Un petit traité historique de la savate depuis une quarantaine d'années sera ici tout à fait à sa place. — Les maîtres bâtonnistes de Caen avaient de la célébrité avant la Révolution ; cette gloire s'abîma comme tant d'autres dans le gouffre de 93, et il faut sauter jusqu'à l'Empire et à la Restauration pour trouver dans la mémoire des plus vieux maîtres les noms des rois primitifs qui constituent la dynastie de la savate. — Fanfan est le Pharamond, le Romulus de cette histoire ; il représente la période héroïque et fabuleuse ; Sabattier lui succéda ; après lui vint Baptiste, ancien danseur à l'Opéra, à qui les exercices de son premier emploi avaient assoupli les jambes, et qui montait les coups de pied plus haut qu'aucun des maîtres contemporains. Baptiste, qui avait conservé un vernis d'élégance et de bonne société, eut l'honneur de travailler avec Son Altesse royale le duc de Berri. Son Altesse se revêtait, pour ces exercices, d'une espèce d'armure de bras, de poitrine et de jambes en fil de fer treillissé, recouverte de bourre et de peau. Mais, dans les salles, on ne se servait ni de plastron, ni de brassards, ni de jambards ;

seulement, on tirait le chapeau sur la tête, ce qui ne se fait plus aujourd'hui à cause du développement du jeu. Cette importation de mœurs anglaises était d'une grande hardiesse pour le temps, et, malgré cet exemple princier, l'art sublime de la savate, de la canne et du bâton resta confiné dans les classes inférieures. A Baptiste succéda Fanfare, qui tirait la savate et le bâton ; puis vinrent Mignon, Rochereau et Carpe, qui ont laissé de brillants souvenirs dans le monde des salles d'armes et des estaminets.

Les rues où se tenaient les classes n'avaient rien de très-élégant. Le vieux Champagne, ancien marin, demeurait rue Mouffetard, et François avait sa salle rue de la Mortellerie. Quand nous disons *salle*, nous avons tort ; c'est *cave* qu'il faudrait dire. Les assauts avaient lieu effectivement dans une grande cave ; les élèves étaient, en général, des ouvriers, ou des garnements suspects. Toulouse et Gadou montraient la savate aux maçons de la Grève. Pour le chausson, on tirait les coups bas, les temps d'arrêt à demi-hauteur ; on courait beaucoup, et l'on moulinait des bras. Le jeu du bâton n'était pas développé et se composait principalement des coups de bout, de coupés et d'*enlevés dessous*. La canne se tirait comme le sabre.

Le jeu développé fut apporté en France par les prisonniers des pontons d'Angleterre : durant les longues heures de la captivité, ils s'étaient beaucoup exercés, avaient *travaillé* les coups, et, faute d'autre occupation, faisaient assaut du matin jusqu'au soir; ce qui les rendit les plus redoutables bâtonnistes de l'univers. — La patrie des boxeurs ne pouvait qu'influer heureusement sur leur *manière;* toutefois, le jeu développé resta un arcane entre les plus habiles, et se concentra dans Paris, ce foyer lumineux, ce centre intelligent, qui sait toujours avant tous les autres le dernier mot de l'art; la province, routinière et fossile, conserva l'ancien jeu. Vers 1829, cependant, quelques maîtres de régiment développaient, mais c'étaient des *Parisiens.* L'art du chausson ne resta pas non plus stationnaire : des novateurs hardis commençaient à placer des coups de poing de bout à l'anglaise, et le temps d'arrêt en pleine poitrine, autrement dit *coup de pied en vache,* mais bien peu se risquaient à détacher ce coup, de peur de se faire ramasser les jambes.

Toutefois, malgré ces perfectionnements, la savate ne comptait que fort peu d'adeptes fashionables, elle était même inconnue des gens du monde; seulement, de temps à autre, il courait quelque histoire merveilleuse d'un garnement de mine chétive et de pauvre apparence, ayant à lui seul décousu tout un peloton de gendarmes extrêmement surpris de se trouver assis en un clin d'œil au beau milieu du ruisseau; et la *Gazette des Tribunaux* expliquait comme quoi ce succès, dans un combat inégal, était dû aux passes mystérieuses et aux crocs-en-jambe invincibles de la savate; et chacun, dans la rue, passait respectueusement à côté de tout individu que sa blouse débraillée, sa casquette posée sur l'oreille, son air crâne et tapageur, pouvait faire suspecter de connaître les mystères de cet art formidable.

Il est vrai de dire que les maîtres ne brillaient pas par une tenue bien rigoureuse; la pipe culottée ne quittait guère leurs lèvres que pour faire place aux petits verres de *Jur*; ils fréquentaient les estaminets borgnes, les rogomistes et les marchands de vin hasardeux; ils étaient hargneux, violents, tapageurs; quelques-uns même, fidèles aux traditions de l'ancienne chevalerie errante, consacraient leur canne et leurs poings au service des princesses en désarroi. Ils se constituaient les Amadis et les Galaor des Arianes de la rue Froidmanteau et de la Cité. Leur langage, semé de tropes et de métaphores peu académiques, descendant fréquemment aux familiarités de l'argot, était bien fait pour effaroucher les bourgeois honnêtes et débonnaires, si leur mine rébarbative n'avait pas suffi pour cela. C'est ce qui explique comment un art aussi utile, aussi indispensable que la savate, est resté si longtemps enfoui sous les dernières couches de la populace.

Maintenant, les hommes ne portent plus l'épée; la police défend d'avoir des armes sur soi, et l'on est puni de quinze francs d'amende pour avoir un poignard dans sa poche; ce qui fait que tout homme qui rentre chez lui après la brune est à la merci des voleurs et des assassins, qui, risquant d'avoir la tête coupée, se moquent parfaitement de payer quinze francs en sus pour port illégal de poignard; les cannes plombées, les cannes à dard sont prohibées et saisies par la police aux bureaux du théâtre, afin que les mauvais garnements, hideuses phalènes nocturnes qui voltigent aux carrefours douteux, aient toute la facilité désirable pour vous dépouiller et vous assommer; mais vous avez vos poings et vos pieds que l'on ne peut saisir au bureau des cannes, et des poings et des pieds exercés sont des armes aussi redoutables que le casse-tête des Caraïbes ou le lasso des gauchos brésiliens.

Pour notre part, nous regrettons l'épée ; avec l'usage de porter l'épée s'est en allée la vieille urbanité française ; on est toujours poli avec un interlocuteur qui peut vous entrer quelques pouces de fer dans le ventre si vos manières n'ont pas l'aménité convenable. L'abolition du duel achèvera de nous rendre le peuple le plus grossier de l'univers : tous les lâches, sûrs de l'impunité, vont devenir insolents. Et puis c'était réellement pour un jeune homme de cœur une amie sûre et fidèle qu'une épée de bon acier bien trempé et bien franc. L'homme gagnait à ce commerce intime avec le métal : il en prenait les qualités rigides, la loyauté inviolable, le vif éclat, la netteté incisive, et cette union tacite était si bien comprise, que le plus grand éloge que l'on pût donner à quelqu'un, c'était de dire qu'il était brave comme son épée. Mais nous sommes dans une époque peu chevaleresque, et la prosaïque savate doit remplacer la jolie épée française, ce bijou aigu, cet éclair d'acier qui du moins brillait dans la nuit avant d'arriver à la poitrine d'un homme.

La savate, comme on la pratique aujourd'hui, est un art très-compliqué, très-savant, très-raisonné ; c'est l'escrime sans fleuret. Il y a la tierce, la quarte, l'octave et le demi-cercle ; seulement, dans l'escrime, on n'a qu'un bras, et à la savate on en a quatre ; car les jambes, dans l'état actuel de la science, sont de véritables bras, et les pieds deviennent des poings. Les maîtres placent un coup de pied dans les gencives ou dans l'œil avec beaucoup de facilité ; plusieurs même décoiffent leurs adversaires avec le bout du chausson.

Le maître de chausson actuel ne ressemble en rien au savatier ancien : c'est un jeune homme de figure douce et prévenante, le sourire sur les lèvres, qui s'exprime correctement et avec un son de voix perlé. Ses manières sont d'une distinction parfaite ; on le prendrait plutôt pour un professeur d'esthétique et de philosophie que pour un pugiliste ; il fume tout au plus des cigarettes de papel espagnol, comme George Sand, et boit de l'eau sucrée comme un orateur. Il ne porte ni cravate rouge, ni gilet violet, ni pantalon fabuleux, ni casquette excentrique ; sa mise est celle d'un fils de famille qui s'habillerait bien. — A l'entendre parler de son art, vous croiriez être en présence d'un savant de l'Institut, faisant des calculs sur l'équilibre et la dynamique : la savate est, en effet, un calcul très-exact des forces humaines combinées avec la libration et la pondération. Après quelques mois d'étude, on est vraiment surpris de l'énorme puissance que peut acquérir un muscle bien développé et bien dirigé, et l'on s'aperçoit que la nature n'a pas fait l'homme aussi désarmé que le prétendent les philosophes moroses. Des poings bien fermés selon les principes de l'art valent des marteaux de fer.

Le maître de chausson fashionable ne néglige rien de ce qui peut perfectionner son jeu. M. Lecour, célèbre professeur, a travaillé avec Adam, le boxeur anglais, le redoutable adversaire de Swift. Cette étude lui a beaucoup servi pour perfectionner les coups de poing, qui, à vrai dire, étaient la partie faible de la savate. Les coups droits dans la poitrine ou dans la figure sont fouettés et détachés avec une vigueur rare, et si bien calculés, qu'il ne se perd pas un atome de force; la vitesse est triplée, et, dans moins d'une seconde, on a placé une *série* ainsi composée : coups de poing sur le nez, sur l'os maxillaire et dans l'estomac, ou bien coup de pied bas, coup de pied haut, et coup de poing. Autrefois, on ne faisait pas de séries, et on ne liait pas les coups : un assaut actuel diffère autant d'un assaut ancien, pour la difficulté de l'exécution et la hardiesse des poses, qu'un morceau de Hertz ou de

Kalbrenner d'une sonate de Steibelt. Il y a dix ans, tout cela eût paru impraticable.

On se tromperait beaucoup si l'on représentait les maîtres de chausson comme des gens de carrure athlétique; ils ne tiennent en rien de l'hercule et du lutteur; ils sont ordinairement de taille moyenne, ont les extrémités fines et les mains petites. — Plus d'une femme envierait les mains de Swift; mais ces mains délicates, si elles ont la blancheur du marbre, en ont aussi la dureté; et, détachées par les puissants muscles des épaules, meurtrissent les chairs comme un caillou lancé par une fronde.

Maintenant que nous vous avons fait l'histoire et l'esthétique du grand art de la savate, nous allons vous introduire dans une salle de chausson, celle de M. Lecour, qui est le professeur à la mode, et qui compte parmi ses élèves les lions les plus chevelus et les plus aristocratiques de l'Opéra et du boulevard de Gand. Vous voyez cette file de cabriolets, de tilburys et de coupés qui stationnent à l'angle de la rue du Faubourg-Montmartre, tout près du boulevard : hâtez-vous, c'est jour d'assaut, et vous auriez peine à trouver place.

La salle d'armes est au rez-de-chaussée, car le piétinement perpétuel serait insupportable aux voisins les plus pacifiques, et les bourgeois proprets partagent la haine de Nicole contre les ferrailleurs et les déracineurs de carreaux. La première pièce sert d'antichambre et de vestiaire; contre le mur est appliquée une petite fontaine qui fournit de l'eau froide pour tremper les coins de mouchoir quand il y a des nez compromis à bassiner, ce qui ne laisse pas que d'arriver quelquefois.

La salle est une grande pièce tapissée de coutil, en forme de tente, avec un plancher frotté au grès et à l'eau bouillante, pour que le pied morde bien et ne se dérobe pas. Tout autour sont disposées des banquettes élevées sur une marche qui encadre l'arène destinée aux combattants; le long des murs sont accrochés les gants de boxe des élèves, portant chacun leur numéro. Ces gants, dont les doigts ne sont articulés que par-dessous, ressemblent à des traversins; la peau est de buffle et la garniture de crin. Les Anglais remplissent les leurs avec la plume; mais la plume, plus moelleuse d'abord, ne tarde pas à se tasser en paquets, et devient plus dure que le crin. A côté des gants, qui font trophée avec les masques, pendent les cannes et les bâtons de longueur.

Les assistants sont rangés au plus près du mur, afin

de ne pas gêner les combattants; et, pour ne pas être atteints, dans les coups de grande volée, par les cannes des maîtres qui font assaut, chacun tient en main un bâton dans la pose d'arrêt, ce qui donne à l'assemblée l'apparence d'un chapitre de chanoines assis dans leurs stalles un cierge à la main.

Le costume du maître est très-pittoresque; il consiste dans un pantalon de laine rouge à pieds, demi-collant, serré à la ceinture et tenant sans bretelles, une chemise rayée de violet ou de bleu, une petite calotte pourpre, et des gants de boxe avec des crispins vernis.

L'assaut commence ordinairement par la canne et le bâton. La canne se tire à une seule main, et le bâton à deux mains, comme les espadons et les estocs du moyen âge. Avant de commencer, les maîtres se donnent une poignée de mains, puis ils font le salut. Ce salut, où les maîtres exécutent avec leur canne des arabesques plus capricieuses que celles décrites par le bâton du fantastique caporal Trim-Trim, dans le roman humoristique de *Tristram Shandy*, en faisant des sauts et des pas de voltige (la voltige se fait lorsqu'on est attaqué dans la rue par plusieurs personnes; la *rose couverte*, que l'on fait pour salut, est la plus jolie arabesque dessinée au bâton que l'on puisse voir; les *voltés*, les écarts de tête, les coups de travers pleuvent drus comme grêle); ce salut est vraiment très-gracieux et très-élégant. Après cela, les maîtres se mettent en garde, et les hostilités sont ouvertes, les cannes tourbillonnent et s'entre-choquent en pétillant; quand le coup porte, le vaincu s'écrie : « Touché, bien touché, » et l'on reprend la garde. Comme les combattants n'ont ni masque ni plastron, les coups doivent être retenus : ils le sont presque toujours au début de la lutte; mais quelquefois les adversaires s'échauffent, et l'assaut ne diffère pas beaucoup d'une véritable bataille. Aussi, l'assaut terminé, les combattants s'embrassent pour montrer qu'ils ne se gardent pas rancune, et n'ont aucun fiel dans le cœur. Cette coutume a quelque chose de loyal, de touchant, et doit prévenir bien des querelles. L'agilité et la prestesse des maîtres bâtonnistes sont réellement effrayantes. M. Lecour exécute en une minute des *carrés* composés de vingt coups sur chaque face, il a même été jusqu'à deux cents coups de bâton à la minute, ce qui est prodigieux; on ne voit pas le bâton, on l'entend seulement siffler.

Les assauts de savate viennent ensuite. Les coups de pied, les coups de poing se suivent et ne se ressemblent pas; mais ce spectacle n'a rien de repoussant; les mouvements sont si justes, si précis, si bien raisonnés, si bien calculés, que toute idée de douleur est éloignée : on croirait plutôt assister à une leçon de voltige qu'à un combat; les temps d'arrêt, les coups de pied exécutés par Lecour et son frère, sont aussi gracieux qu'un temps d'arabesque de Perrot, le merveilleux danseur. Les combattants, suspendus au milieu d'un tourbillon de bras et de jambes, semblent ne pas tenir à la terre. Auriol n'est pas plus vif, plus pétulant et plus allègre; et cependant ces mouvements si promps, si lestes, sont d'une force prodigieuse : le plus faible de ces coups vous renverserait.

Voici quelques-unes des poses qui se pratiquent. On donne des coups de tête dans la figure et dans l'estomac : pour cela, on saisit l'adversaire par le collet ou par la tête, et, en l'attirant vers soi, on lance le coup.

Si votre adversaire court sur vous, vous placez le coup de tête dans l'estomac, vous lui saisissez en même temps les deux jarrets pour le renverser; quelquefois, comme une arabesque fantastique, comme ces parafes à main levée que l'on fait au bout d'une page dont on est content, vous le faites passer par-dessus votre tête, et vous l'envoyez, en manière de *fioriture*, décrire une parabole derrière vous.

Ce coup, comme toutes les bottes possibles, a sa parade : en l'exécutant, vous pouvez être saisi par la nuque, plié à terre, et recevoir sur le nez un coup de genou ou un coup de poing fourré.

Il y a aussi une infinité de moyens pour jeter son homme par terre : le passement de jambe du jarret et le passement de jambe du cou-de-pied. Le premier se pratique en croisant la jambe derrière le jarret de l'adversaire, que l'on saisit simultanément par le cou ; on tend le jarret vigoureusement, on le pousse, il perd pied, chancelle et tombe ; dans le second cas, on pose son pied derrière le talon de son ennemi, on ramène à soi par un mouvement de brusque saccade qui se donne avec le cou-de-pied, et il tombe d'un seul temps. On peut encore très-aisément renverser quelqu'un en lui donnant un tour de clef à la cravate, et en lui passant la main sous le jarret, ce qui lui fait perdre l'équilibre.

Nous écririons un volume si nous voulions indiquer toutes les ruses et toutes les ressources de la savate. Toutes les attaques sont prévues et déjouées.

Si un homme vous attaque et vous prend par le collet, vous lui saisissez le poignet à deux mains et vous faites un revers sur les talons : le coude de l'assaillant se trouve placé sur votre épaule; vous faites une pesée qui lui rompt le bras placé à faux à l'articulation de la saignée.

Si un homme très-vigoureux vous entoure de ses bras et que vous ne puissiez-vous dégager, appliquez-lui la paume de la main sur le menton ou sur le nez, pour lui renverser la tête en arrière; la douleur qu'il éprouvera sera si atroce, qu'il lâchera prise sur-le-champs.

On tient aussi la tête de son antagoniste sous le bras, en parapluie, et on lui fourre des séries de coups de poing dans la figure. Si, en lançant un coup de pied haut, vous avez la jambe ramassée, faites un *revers*, et vous tomberez en équilibre sur vos deux mains; mais le coup de pied dit *temps d'arrêt* est si vite passé, et son effet est si violent, qu'il n'y a guère de danger de ce côté-là.

Quand ces coups sont portés sérieusement et les mains nues, ils sont de nature à causer des blessures graves et même la mort.

Vous voyez que la savate est une science profonde, qui exige beaucoup de sang-froid, de réflexion, de calcul, d'agilité et de force; c'est le plus beau développement de la vigueur humaine, une lutte sans autres armes que les armes naturelles, et où l'on ne peut jamais être pris au dépourvu.

Ce spectacle est tellement attrayant, que plusieurs gens du grand monde font dans leur appartement une salle où ils s'exercent eux-mêmes, prennent leçon, et font faire assaut entre les maîtres en réputation. Lecour a fait assaut chez lord S... avec Loze, le premier maître de Bordeaux; et M. de W... a une salle où se réunissent les élégants de la loge infernale du Jockey-Club; il y en a une aussi chez M. le duc V... Michel Pisseux a donné des leçons au duc d'Orléans. La savate est désormais désencanaillée, et prendra dans les pensionnats place à côté de la gymnastique et de l'escrime.

LE PARFAIT GENTLEMAN

Il existe, ou plutôt il existait autrefois, un petit livre imprimé sur papier à chandelle, en signes bizarres rappelant les caractères cancellaresques et allemands, singularité qui avait pour motif d'apprendre aux enfants à lire dans les écritures difficiles. Ce petit livre, intitulé *la Civilité puérile et honnête*, que l'on ne rencontre plus que rarement et dont les derniers exemplaires se sont réfugiés dans les écoles des frères ignorantins, contient des conseils sur la manière de se conduire en société, divisés par chapitres et par alinéas. Le tout se termine habituellement par

> Les quatrains de Pibrac et les doctes sentences
> Du conseiller Mathieu.

Rien n'est plus naïf que certaines recommandations adressées la plupart à la première enfance, entre autres celle de ne pas se moucher en faisant un bruit de trompette. Toutefois, il règne dans ce bouquin, à qui ses caractères pleins de fleurons de queue et d'agréments donnent un air de grimoire, un esprit de douceur et d'humilité chrétienne qui relève ce qu'on y peut trouver de ridicule; mais il ne cadre plus avec nos mœurs et ne peut sérieusement être proposé comme modèle à suivre.

Un traité complet sur la politesse et le savoir-vivre serait un ouvrage immense qui embrasserait la vie dans tous ses détails et demanderait la fusion bien rare d'un philosophe, d'une femme du monde et d'un écrivain de premier mérite. Nous nous contenterons d'en poser les prolégomènes et de tracer quelques aperçus généraux.

Le changement des formes gouvernementales rend la question plus difficile encore : le savoir-vivre de la République ressemblera-t-il au savoir-vivre de la monarchie de droit divin ? On doit le supposer, car par un travail insensible les institutions modifient les mœurs, et ce qui est dans les choses finit toujours par en sortir. Quelles seront ces modifications ? On peut déjà le pressentir. Les formules extérieures tendront de plus en plus à s'effacer et rendront plus difficile à saisir la nuance délicate qui distinguera l'homme comme il faut de l'homme mal élevé.

Autrefois, on n'était pas du monde sans être gentilhomme. Il fallait être *né* pour être admis dans la bonne société : le reste des humains n'existait pas et se désignait sous le nom de bourgeois, de croquants et d'*espèces*.

L'habitude de porter un costume particulier et brillant, l'habit à la française de velours ou de soie scintillant de paillettes, le claque sous le bras, l'épée en verrouil au côté, la familiarité de l'escrime, de la danse et de l'équitation, l'aplomb héréditaire, le sentiment d'avoir du sang bleu dans les veines, le commerce de la cour et des femmes, la science pour ainsi dire innée des formes traditionnelles, une politesse respectueuse et pourtant pleine d'aisance entre soi, une affabilité dédaigneuse et froide pour tout ce qui n'était pas de la caste, la possession de ressources qui mettaient au-dessus des trivialités de la vie, tout cela isolait naturellement le gentilhomme de la foule et lui traçait une sorte d'individualité.

Plus tard, lorsque, sous la grande révolution, les

barrières qui séparaient les castes furent brisées et que les classes, sans pour cela se confondre, car on ne perd pas en quelques années les habitudes de huit siècles, purent se visiter entre elles, à l'exception de quelques salons exclusifs pareils à celui que Balzac a si bien décrit sous le nom de *Salon des antiques*, les portes des maisons les plus difficiles s'ouvrirent à tout homme dans une position honorable, d'une éducation distinguée, même lorsqu'il ne pouvait mettre qu'un simple chiffre sur son cachet ou sa voiture; pour élégance, on n'exigeait de lui qu'un habit noir et des gants blancs. Sans les traiter tout à fait comme des gens de la maison, on admit les banquiers, les hauts négociants, les grands entrepreneurs, les faiseurs de politique, les notaires, les artistes, et même les écrivains célèbres; ces derniers, il est vrai, à titre de bêtes curieuses et de singes savants. On se moquait bien d'abord des nouveaux venus pour leurs airs embarrassés, leurs façons gauches de saluer, d'entrer et de sortir, cette science difficile; on pensait en soupirant aux anciennes élégances de Versailles, dont quelques douairières seules conservaient encore les traditions; mais peu à peu les différences devenaient moins appréciables, les vilains apprenaient, les gentilshommes désapprenaient : on pouvait arriver à confondre, ce qui n'eût pas été possible autrefois, un marquis et un bourgeois.

Ces mœurs, qui furent celles de la Restauration, et surtout du règne de Louis-Philippe, ne se sont pas encore sensiblement modifiées : elles avaient pris, ces dernières années, une tendance anglaise qui se changera peut-être, à cause des idées nouvelles, en tendance américaine; on peut donc les admettre, temporairement, comme le milieu où doit se mouvoir le parfait gentleman dont nous voulons tracer ici les principaux caractères.

C'est peut-être une tentative singulière, au moment où les idées d'égalité et de nivellement sont à l'ordre du jour, de chercher à donner la définition du parfait gentleman, ou, pour parler français, ce qui ne nuit jamais, de l'homme du monde, de l'homme comme il faut; mais n'est-ce pas lorsque les classes sont détruites qu'il faut chercher à relever l'individu? Si l'aristocratie de naissance a perdu ses priviléges, si l'aristocratie de fortune doit perdre les siens et les barons de l'écu aller rejoindre les barons à écu; si même l'aristocratie du talent, cette noblesse conférée par Dieu, et la seule acceptable, choque encore la toute jalouse, il y en a une, du moins, que nul ne pourra récuser, celle de la distinction personnelle et de la bonne tenue.

Voyons donc quel serait le parfait gentleman : il est bien entendu que ce mot, pris dans l'acception anglaise, n'exige aucun quartier de noblesse, tout en ne les excluant pas. On peut être gentleman quoique roturier, et n'être pas gentleman quoique gentilhomme.

La première question à s'adresser, c'est de savoir s'il est nécessaire d'avoir de la fortune pour être un parfait gentleman. Non, car il ne s'agit pas ici du dandy, de l'homme à la mode; cependant une certaine aisance est indispensable, car, hélas! la pauvreté dompte les plus fiers courages, avilit l'âme et la ramène forcément aux besoins matériels; elle enlève toute résolution, toute initiative, et ne permet pas au caractère de se développer; il faut donc que le soin de la vie ne préoccupe pas trop immédiatement; il faut pouvoir sacrifier certains avantages à des délicatesses que l'homme pressé d'argent est forcé souvent de faire taire; s'abstenir de démarches qui, sans être déshonorantes, créent une espèce d'infériorité, et ne rien faire qui donne le droit à personne de vous parler autrement que comme un égal. Pour ces raisons toutes morales, et non pour des recherches de toilette et de luxe, nous pensons que le parfait gentleman doit avoir des ressources assurées. Tout homme nécessiteux peut, dans un temps donné, faire une action qui n'est pas convenable.

Le parfait gentleman doit avoir profondément le sentiment de sa dignité, et respecter l'être humain dans sa personne. Il accorde à chacun ce qui lui est dû, pour que chacun lui accorde ce qu'il lui doit. Rien de plus, rien de moins. C'est la base de la véritable politesse, et la traduction, en style mondain, de l'axiome évangélique : « Ne fais pas à autrui ce que tu ne voudrais pas qu'on te fît. »

C'est là le point de départ de toute sa conduite, la règle intérieure à laquelle se rapportent ses actions publiques ou privées.

Pour commencer par les choses extérieures, le parfait gentleman doit avoir un soin extrême de lui, sans recherche affectée; la propreté est un culte que l'on doit à l'enveloppe de l'âme; la propreté, vertu physique. Sans admettre complétement l'aphorisme de cet élégant Anglais qui disait qu'on ne saurait jamais trop mettre de temps à sa toilette, parce que l'objet le plus intéressant dont on pouvait s'occuper était soi-même, nous aimerions mieux, dans ce sens, trop que trop peu. Nous voulons donc notre gentleman bien lavé, bien brossé, bien peigné, l'ongle net, la dent pure, le cheveu luisant, sa raie bien faite, le tout sans excès de pommade ou de frisure, élégances qui sentent le réfugié italien et le marchand de contre-marques; ayant dans son cabinet plus d'aiguières que de flacons d'odeur; à peine lui permettons-nous un vague parfum d'iris dans son linge. Tout ce soin doit être voilé, et l'aspect agréable qui en résulte, paraître provenir de la nature même; rien de prétentieux, d'outré, d'efféminé : il faut qu'à l'aspect du parfait gentleman, on se sente charmé sans savoir pourquoi.

Chez lui se trouve le confortable uni au goût; pas d'entassement de meubles de Monbro, de porcelaines et de babioles coûteuses. D'épais tapis et des tentures de couleurs sobres; dans une étagère, quelques bons livres antiques et modernes reliés par Simier; à la muraille, quelques gravures de grands maîtres, épreuves de prix dans un cadre simple; une pendule tout unie à cadran de nielle, surmontée d'une coupe de bronze; un service invisible, mais discret et toujours présent; peut-être, dans le cabinet, mais cela est douteux et ne peut être risqué que par le parfait gentleman encore très-jeune, une boîte de pistolets de Manton, quelques épées de fine trempe groupées avec art.

On entre : l'œil n'est attiré ni choqué par rien ; on ne voit que des teintes douces, des angles émoussés ; tout vous charme et rien ne vous arrête : on est charmé sans qu'on puisse en dire la cause ; un soin intelligent qui se cache a présidé à tout ; les fauteuils sont larges, profonds et commodes et placés à propos :. tout ce dont on a besoin se présente de lui-même à la main. Le parfait gentleman laisse au vulgaire les couleurs criardes, le luxe voyant, les élégances douteuses dont aiment à s'entourer les parvenus ; point de papiers à ramages exorbitants, point de surcharges de dorures.

Si vous descendez à l'écurie, vous y verrez un cheval de demi-sang, d'une de ces robes qu'on ne remarque point, bai par exemple, que les promeneurs verront passer cent fois aux Champs-Élysées sans y faire attention, mais dont tous les connaisseurs apprécieront le poitrail profond, la fine encolure et les larges jarrets ; sous la remise, un coupé tout simple, œil de corbeau, doublé de bleu sombre, fait par Erler ou Daldringer : une figurante de l'Opéra n'en voudrait pas pour aller au bois en compagnie d'une botte de roses et d'un blenheim; montez-y, vous sentirez combien les ressorts sont doux, les coussins moelleux, comme les glaces jouent facilement et ferment bien, comme le cheval tire également, d'une allure sage et rapide, ainsi qu'un noble animal qu'on soigne bien et à qui maître et cocher ne demandent que ce qu'il doit donner.

Pour l'habillement, c'est la même chose : le parfait gentleman y attache l'importance que tout être sensé doit mettre à sa forme extérieure. Il sait que, si l'habit ne fait pas le moine, il fait la moitié de l'homme du monde; ses vêtements sont faits par le meilleur tailleur qu'il a su démêler parmi les réputations factices, choix important et grave : il suit la mode sans excès. Le provincial s'habille à la mode d'hier, le fat à la mode de demain, le parfait homme du monde s'habille à la mode d'aujourd'hui. — Savoir au juste où en est la mode, c'est difficile; beaucoup l'ignorent, lui le sait; il n'accepte pas tout de son tailleur comme font certaines gens. De temps à autre, il indique quelques modifications pleines de goût, de tact et d'entente de la vie; aussi son tailleur le respecte. Ce n'est pas lui qui, comme certains dandys, sert innocemment de mannequin aux fantaisies extravagantes des rivaux de Chevreuil, de Buisson et de Haumann.

Ses habits n'ont jamais l'air ni neuf ni vieux. Un habit neuf n'est pas élégant, il fait supposer qu'on vient d'en quitter un vieux, il a encore trop de lustre et ne s'est pas modelé sur le corps. Notre gentleman ne fait pas râper les siens avec du papier de verre par son valet de chambre, comme le pratiquent certains élégants d'outre-Manche; mais jamais on ne lui voit de ces nouveautés lustrées, brillantes, qui accusent le dernier *fion* de l'ouvrier: il veut des habits qui ne le fassent pas remarquer et ne distraient pas de sa personne.

Que ce drap qui ne brille pas est doux et souple! Ce linge sans broderie et sans jours prétentieux est fin, d'une pure blancheur! Que cette cravate est bien nouée, et pourtant ce parfait gentleman n'a jamais lu *l'Art de bien mettre sa cravate*. L'auteur aurait été trop heureux de recevoir de lui quelques conseils. — Et le gilet, cet écueil sur lequel tant d'élégants ont péri, le gilet où la variété et la richesse des étoffes pourraient induire en fantaisie le jeune homme le plus sobre, comme il est chez lui irréprochable, sévère sans être pédant, riche sans être fastueux! « Montrez-moi le

gilet d'un homme, je vous dirai qui il est, » nous
paraît un proverbe qui manque à la sagesse des nations.

Sa montre est de Bréguet, attachée par une tresse
plate, un bout de chaîne tout uni; elle vaut un chronomètre pour l'exactitude; la boîte n'a ni guillochure
ni émail. Une perle noire, un petit bijou de Froment
Meurice, plus précieux par la ciselure que par la matière, lui servira d'épingle, et encore bien rarement;
le bijou sent le dentiste et le marchand d'eau de Cologne; mais enfin on peut risquer cela quelquefois, pour
ne pas tomber dans l'empesé d'une tenue officielle.
Chez le parfait gentleman, une petite négligence, une
légère infraction aux règles classiques, est quelquefois
un effet de l'art; sans cela, on le soupçonnerait de
viser à une préfecture ou à quelque poste diplomatique.

Le parfait gentleman méprise ses gants! Il faut à
des esprits timides quelquefois quatre ou cinq ans de
monde pour en arriver là! Jamais le matin ne le voit
en gants blancs de la veille; chez lui, le gant paille
succède au gant de couleur à l'heure voulue.

Dans la voiture que nous avons décrite, avec le costume qui sied à la partie de la journée où l'on se trouve, le parfait gentleman arrive à petit bruit où il va. Il descend simplement, se fait annoncer sans fracas, salue la maîtresse de la maison et lui dit quelques phrases d'un intérêt respectueux, prend place en ne dérangeant personne, et, si le volant de la conversation se dirige vers sa raquette, il ne le laisse pas tomber à terre, mais il ne se précipite pas au-devant de lui au risque de renverser un voisin ; il parle par phrases courtes, dédaignant l'emphase, évitant la trivialité ; il dit son mot, mais n'en dit pas deux et ne cherche pas à retenir la parole pour lui : disserter, pérorer, s'appesantir est d'un cuistre ou d'un représentant ; l'idée juste ou ingénieuse énoncée, il faut passer à autre chose : le parfait gentleman se résigne très-volontiers à se taire. Il connaît le proverbe arabe : « La parole est d'argent, mais le silence est d'or. » Ne rien dire, en beaucoup de circonstances, vaut mieux que parler, et, dans le monde, s'abstenir est sage. S'il n'écoute pas, au moins a-t-il toujours l'air d'écouter les douairières et les gens âgés que la jeunesse mal élevée considère trop tôt comme des fossiles. Avec les femmes, tout en évitant les fades madrigaux, les cajoleries surannées, il est d'une politesse délicate et tendre qui diffère des façons plus mâles et plus graves qu'il a avec les hommes.

Aussi, lorsqu'il s'en va, c'est un concert d'éloges sur lui : il est charmant, il est accompli, c'est le cri général; les vieilles femmes le prônent ouvertement, les jeunes femmes accueillent son éloge d'un signe de tête, d'un sourire ou d'une imperceptible rougeur. Les hommes mûrs l'ont trouvé posé, les jeunes gens aimable compagnon. Pourtant, il n'a rien dit ni rien fait d'extraordinaire; c'est pour cela qu'il est un parfait gentleman.

A table, il ne tombe ni dans un excès ni dans l'autre, ce n'est ni un sylphe ni un ogre. Il apprécie les bons morceaux et mange humainement, sans hâte ni lenteur; l'hygiène le dirige dans le choix des plats qu'il accueille, comme aussi dans celui des vins. Le vin de Bordeaux sera celui qu'il acceptera : il ne s'enivre pas. Un turbot à la hollandaise, un filet de bœuf, un chapon au gros sel, une aile de perdreau rouge, quelques légumes à l'anglaise, nous paraissent un dîner convenable pour le parfait gentleman; il pourra se permettre aussi çà et là quelques verres de vin de Champagne frappé, c'est un vin de tradition française, mais en petit nombre. Le parfait gentleman ne doit jamais être ni ivre ni indigéré; toute maladie est une inélégance.

La question du cigare est grave! Le parfait gentleman peut-il fumer? Comme, en ne fumant pas, il empêcherait peut-être d'autres personnes de se livrer à ce passe-temps favori, il se permettra un veguero ou un regio de la Havane, de ceux qu'on réservait pour Ferdinand VII. Le tabac, à ce degré, est presque un parfum.

Le repas pris, les visites faites, notre gentleman peut aller au théâtre dans une place réservée et commode, d'où l'on voie bien sans être vu. Il n'applaudira pas en levant ses gants blancs au-dessus de sa tête, comme les beaux des loges infernales, il ne se pâmera pas, il ne jettera pas de couronne à la cantatrice en vogue, parce que toute démarche qui attire sur vous l'attention de beaucoup de gens assemblés est toujours de mauvais goût; mais il saura jouir silencieusement des bons endroits, et un mot gracieux de lui, simple et bien senti, fera plus d'effet que tous les dithyrambes des bruyants dandys. Le seul que la grande cantatrice aura distingué parmi cette foule d'adulateurs, ce sera notre parfait gentleman.

Sa journée finie, il rentrera aussi frais, aussi calme aussi dispos que le matin, ayant beaucoup appris, laissant partout de lui une idée favorable, qui germera plus tard en lui rendant tout facile, tandis que beaucoup de gens qui lui sont supérieurs s'étonneront de n'arriver à rien.

Considération, fortune, places, hommages, amour, bon mariage, soyez tranquille, il aura tout, car la science de la vie est le bon sens élégant.

LE RAT

« Qu'est-ce que le rat? » va demander tout d'abord le lecteur qui n'a pas l'habitude de l'argot parisien. « Voilà la question, » comme dit Hamlet, prince de Danemark.

Est-ce le rat de l'histoire naturelle, si bien décrit par Buffon? Est-ce le rat de cave, le rat d'égout, le rat d'église? Encore moins. Le *rat*, malgré son nom mâle, est un être d'un genre éminemment féminin : il ne va ni dans les caves ni dans les greniers; on le rencontre rarement dans les égouts, et plus rarement encore dans les églises. On ne le trouve que vers la rue Le Peletier, à l'Académie royale de musique, ou vers la rue Richer, à la classe de danse ; il n'existe que là ; vous chercheriez vainement un rat sur toute la surface du globe. Paris possède trois choses que toutes les capitales lui envient : le gamin, la grisette et le rat. Le rat est un gamin de théâtre qui a tous les défauts du gamin des rues, moins les bonnes qualités, et qui, comme lui, est né de la révolution de juillet.

On appelle ainsi à l'Opéra les petites filles qui se destinent à être danseuses, et qui figurent dans les espaliers, les *lointains*, les *vols*, les *apothéoses* et autres situations où leur petitesse peut s'expliquer par la perspective. L'âge du rat varie de huit à quatorze ou quinze ans ; un rat de seize ans est un très-vieux rat, un rat huppé, un rat blanc ; c'est la plus haute vieillesse où il puisse arriver ; à cet âge, ses études sont à peu près terminées, il débute et danse *un pas seul*, son nom a été sur l'affiche en toutes lettres ; il passe *tigre*, et devient premier, second, troisième sujet, ou coryphée, selon ses mérites ou ses protections.

D'où vient ce nom bizarre, saugrenu, presque injurieux, et qui, en apparence, a si peu de rapport avec l'objet qu'il désigne ? Les étymologistes sont fort embarrassés : les uns le font descendre du sanscrit, d'autres du cophte, ceux-là du syriaque, ceux-là du mandchou ou du haut allemand, selon les langues qu'ils ne savent pas.

Nous pensons que le rat a été appelé ainsi, d'abord à cause de sa petitesse, ensuite à cause de ses instincts rongeurs et destructifs. Approchez du rat, vous le verrez brocher des babines, et faire aller son petit museau comme un écureuil qui déguste une amande; vous ne passerez pas à côté de lui sans entendre d'imperceptibles craquements de pralines croquées, de noisettes, ou même de croûtes de pain broyées par de petites dents aiguës, qui font comme un bruit de souris dans un mur. Comme son homonyme, il aime à pratiquer des trous dans les toiles, à élargir les déchirures des décorations, sous prétexte de regarder la scène ou la salle, mais au fond pour le plaisir de faire du dégât; il va, vient, trottine, descend les escaliers, grimpe sur les *praticables*, et principalement sur les *impraticables*, parcourt et débrouille l'écheveau inextricable des corridors, du *troisième dessous* jusqu'aux frises, où l'appellent fréquemment les *paradis* et les *gloires*; lui seul peut se reconnaître dans les détours ténébreux et souterrains de cette immense ruche dont chaque alvéole est une loge, et dont le public soupçonne à peine la complication.

Le rat n'est à son aise qu'à l'Académie royale de musique ; c'est là son vrai milieu. Il s'y meut avec la facilité d'un poisson de la Chine dans son globe de cristal ; il ploie ses coudes contre son corps comme des ailes ou des nageoires, et file en frétillant à travers les groupes les plus serrés. Les trappes s'ouvrent, le plancher manque sous les pieds, la cime d'une forêt verdoie subitement à fleur de terre ; les lampistes courent çà et là, portant de longues brochettes de quinquets ; un plafond de palais descend des frises, les hommes d'é-*quipage* (on appelle ainsi les machinistes) emportent sur leur dos un portail gothique aux ogives menaçantes : le rat ne se dérange pas de son chemin, il se joue de tous ces obstacles. N'ayez pas peur, il ne lui arrivera rien ; l'Opéra est plein de sollicitude pour lui, ses angles rentrants s'adaptent merveilleusement aux angles sortants des coulisses : le théâtre est sa carapace, il y vit (laideur à part) comme Quasimodo dans Notre-Dame.

La mère du rat est une figurante émérite ou une portière ; mais le cas est plus rare : les filles de portières s'adonnent principalement à la tragédie, au chant, et autres occupations héroïques ; elles préfèrent être princesses. Quant au père, il est toujours extrêmement vague, et ne peut guère se démontrer que par le calcul des probabilités. C'est peut-être un marquis; c'est peut-être un pompier.

Quelle singulière destinée que celle de ces pauvres petites filles, frêles créatures offertes en sacrifice au Minotaure parisien, ce monstre bien autrement redoutable que le Minotaure antique, et qui dévore chaque année les vierges par centaines sans que jamais aucun Thésée vienne à leur secours !

Le monde n'existe pas pour elles. Parlez-leur des choses les plus simples, elles les ignorent; elle ne connaissent que le théâtre et la classe de danse; le spectacle de la nature leur est fermé : elles savent à peine s'il y a un soleil, et ne l'aperçoivent que bien rarement. Elles passent leur matinée aux répétitions dans une pénombre crépusculaire, aux lueurs rouges de quelques quinquets fumeux, ne comprenant qu'il fait jour que par les filets déconcertés de lumière qui se glissent à travers les treillages du comble et les portes des loges. Quand elles s'en vont à deux ou trois heures de l'après-midi, les rues leur semblent nager dans cette lueur bleue du matin, dans ce reflet de grotte d'azur, dont le contraste est si frappant après les nuits jaunes du bal et de l'orgie ; elles ne distingueraient pas un chêne d'une betterave; elles ne voient que des arbres peints, les malheureuses! Elles sont entourées d'une fausse nature : soleil d'huile, étoiles de gaz, ciel de bleu de Prusse, forêts de carton découpé, palais de toile à torchon, torrents que l'on fait tourner avec une manivelle; elles vivent dans des limbes obscurs, dans un monde de convention, où l'on voit toujours l'homme et jamais Dieu.

Le peu de notions qu'elles peuvent avoir se rapportent toutes aux opéras et aux ballets du répertoire. « Ah! oui, c'est comme dans *la Juive* ou *la Révolte au Sérail*, » est une réponse qu'elles font souvent : c'est par là qu'elles ont appris qu'il y avait des Italiens, des Turcs, des Espagnols, et que Paris, Londres et Vienne n'étaient pas les seules villes du monde. L'érudition n'est pas leur fort; c'est tout au plus si elles savent lire, et leur écriture est quelque chose de parfaitement hiéroglyphique, que Champollion ne déchiffrerait pas; elles feraient mieux d'écrire avec leurs pieds : ils sont plus exercés et plus adroits que leurs mains! Quant à l'orthographe, il est inutile d'en parler; *la Boîte aux lettres* de Gavarni vous en a donné de nombreux échantillons. Du reste, le papier est satiné, gaufré, moiré, doré, enluminé, et répare la pauvreté du style par sa magnificence; tout cela est scellé de cire superfine,

parfumée, rouge, verte, blanche, sablée de poudre
d'or, à moins cependant que ce ne soit avec de la mie
de pain mâchée, ou un pain à cacheter emprunté à
l'épicier, ce qui arrive fréquemment.

Les autres femmes de théâtre n'abordent la scène
qu'à seize ou dix-huit ans; jusque-là, elles ont été à la
campagne; elles sont sorties en plein jour; elles ont vu
des hommes et des femmes, des marchands et des
bourgeois; elles ont une idée de la machine sociale, et
comprennent les rapports des classes entre elles. Le
rat a été pris de si bonne heure dans cette immense
souricière du théâtre, qu'il n'a pas eu le temps de
soupçonner la vie humaine. A l'âge où les roses de
mai s'épanouissent tout naturellement sur les joues des
enfants, la pauvre petite victime a déjà pâli sous le
fard; ses membres ont déjà été brisés par les tortures
de la salle de danse; les grâces naïves de la jeunesse
sont remplacées chez elle par les grâces laborieuses de
la chorégraphie. Sa mère lui donne des leçons d'œilla-
des et de jeu de prunelles, comme on apprend aux enfants ordinaires la géographie et le catéchisme. Sur
cette pauvre créature étiolée, aux bras amaigris, à
l'œil plombé de fatigue, repose l'espoir de la famille,
et quel espoir, grand Dieu !

Par une alliance étrange, le rat réunit des contrastes inexplicables en apparence : il est corrompu comme un vieux diplomate et naïf comme un sauvage. A douze ou treize ans, il ferait rougir un capitaine de dragons, et en remontrerait aux plus éhontées courtisanes ; et les anges riraient dans le ciel de leur sourire trempé de larmes en entendant les adorables simplicités qui lui échappent : il connaît la débauche et non l'amour, le vice et non la vie.

Nous allons tracer, pour l'édification du public, qui ne s'imagine pas à quel horrible travail on se soumet pour lui plaire, l'historique de la journée d'un rat. Celle d'un cheval de fiacre ou d'un galérien est une partie de plaisir en comparaison.

A huit heures au plus tard, le rat saute à bas de son lit, passe un peignoir de chambre, se coiffe, fait sa toilette, garnit ses chaussons de danse, et mange à la hâte un maigre déjeuner, dont le café au lait suspect, l'âpre radis et le beurre de Bretagne font habituellement les frais ; car la cuisine du rat est éminemment succincte, ses appointements ne dépassant guère sept à huit cents francs par an. Ce déjeuner terminé, le rat, flanqué de sa mère véritable ou de louage, horrible vieille avec un chapeau d'âne savant, un tartan lamentable, un faux tour éploré, un cabas bourré de toute sorte d'ingrédients, se met en route pour la répétition ou la classe de danse, selon que les heures ont été disposées. Pour sortir, la Terpsychore en herbe s'est habillée de ville, tantôt en simple robe d'indienne, et même en jupons, quand sa mère a vendu sa défroque pour en boire le montant avec quelque machiniste ou quelque garde municipal. Arrivée à la classe, l'enfant se déshabille des pieds à la tête, et revêt le costume de danse, qui est assez gracieux. Il consiste en une jupe courte de mousseline blanche ou de satin noir, un corset de basin, des bas de soie blancs, et un petit caleçon de percale qui descend jusqu'au genou et remplace le maillot, qui ne se met qu'au théâtre. Le soulier de satin blanc ou *chair* s'appelle *chausson* en termes techniques, et mérite une description particulière. La semelle, très-évidée dans le milieu, ne va pas jusqu'au bout du pied; elle se termine carrément, et laisse déborder l'étoffe de deux doigts environ. Cette coupe permet d'exécuter les *pointes* en offrant un espèce de point d'appui articulé; mais, comme tout le poids du corps porte sur cette partie du chausson, qui se romprait inévitablement, la danseuse a soin d'y passer des fils, et de la garnir à peu près comme les ravaudeuses font aux talons des bas que l'on veut faire durer longtemps; le dedans est soutenu d'une forte toile, et le bout extrême d'une languette de cuir ou de carton plus ou moins épaisse, selon la légèreté du sujet. Le reste du chausson est chevronné extérieurement d'un lacis de rubans cousus à cheval; il y a aussi des piqûres au quartier, maintenu en outre par un petit bout de faveur de la couleur du bas, à la manière andalouse. Ce chausson, fourni par le théâtre, doit servir six fois s'il est blanc, dix fois s'il est *chair*, et la danseuse écrit sur un carnet les noms des représentations où il a servi.

Maintenant que le rat est sous les armes, décrivons le lieu de ses exercices. C'est une grande salle voûtée, badigeonnée avec de la peinture au lait, et lambrissée d'un ton chocolat assez horrible. Un plancher en pente, comme celui d'un théâtre, descend du fond de la salle vers le fauteuil du maître, dont le dos est tourné à une glace passablement terne; un grand poêle de faïence qu'il n'est pas besoin de chauffer beaucoup, tant le travail des sylphides est violent et provoque à la sueur, occupe un angle de la pièce; à droite et à gauche, d'étroites petites portes mènent aux vestiaires; un méchant paravent bleu à fleurs blanches, posé à angles aigus devant la porte d'entrée, empêche le perfide vent coulis de pénétrer et de caresser trop aigrement les épaules nues des élèves; deux fenêtres éclairent cette vaste pièce d'un aspect sévère et triste, qu'on prendrait plutôt pour une salle d'attente de présidial ou de couvent que pour l'école des *ris* et des *jeux*. Le long des murs sont plantés des crampons de fer et des traverses de bois, dont il serait difficile à un bourgeois naïf de deviner la destination, et qui ont de vagues ressemblances avec les instruments de torture et les chevalets d'estrapade du moyen âge; n'était la bonne et honnête figure du professeur, tranquillement assis, sa pochette à la main, l'on ne serait pas trop rassuré.

La leçon va commencer. Le rat, muni d'un petit arrosoir de fer-blanc peint en vert, fait tomber une pluie fine et grésillante sur la place qu'il doit occuper, pour abattre la poussière et dépolir le parquet. C'est une politesse de bon goût que d'arroser le carré d'une amie ou d'une rivale : cette attention se reconnaît par un salut dans toutes les règles. Les mères, flanquées de leur inséparable cabas, sont reléguées sur une étroite banquette de velours d'Utrecht placée du côté de la glace. Au signal de la pochette, le rat enlève et jette à sa *dueña* le mouchoir ou le fichu qui lui couvre les épaules.

Le maître fait exécuter des *assemblés*, des *jetés*, des *ronds de jambe*, des *glissades*, des *changements de pied*, des *taquetés*, des *pirouettes*, des *ballons*, des *pointes*, des *petits battements*, des *développés*, des *grands fouettés*, des *élévations*, et autres exercices gradués selon la force des élèves : toutes font le pas ensemble, et viennent ensuite le refaire devant le professeur, trônant gravement entre deux chaises, dont l'une supporte son mouchoir et ses gants, et l'autre sa tabatière; dans les intervalles, elles vont se pendre aux crampons pour exécuter des pliés, et s'exercent à faire des arabesques en jetant leur jambe sur ces traverses de bois dont nous avons parlé tout à l'heure. Elles restent ainsi le pied à la hauteur de l'épaule dans une position impossible qui tient le milieu entre la roue et l'écartèlement. Autrefois, on jugeait les régicides suffisamment punis en exagérant un peu cette position. Ces travaux ont pour but d'assouplir les jointures, d'allonger les muscles, et de donner du jeu aux jambes. La danse commence par la gymnastique, et la sylphide future doit mettre ses pieds dans les bottes. Une heure de cet exercice équivaut à six lieues avec des bottes fortes dans les terres labourées, par un temps de pluie.

Tout cela se fait en silence, courageusement, avec un sérieux parfait. Les élèves, qui ont besoin de tout le souffle de leurs poumons, ne l'usent pas à de vaines paroles; on n'entend que la voix du maître qui adresse des observations aux délinquantes. « Allons donc! les genoux arrondis, les pointes en dehors, de la souplesse! Doucement, en mesure, ne sabrez pas ce passage! — Aglaé, un petit sourire, montre un peu tes dents, tu les as belles. — Et toi, là-bas, tiens ton petit doigt recoquillé quand tu allonges la main, c'est marquis, c'est gracieux, c'est régence; des mouvements ronds, mademoiselle, jamais d'angles! l'angle nous perd. — Eh bien, Émilie, qu'est-ce c'est que cela? nous sommes roide, nous avons l'air d'un compas forcé; tu n'as pas travaillé hier, paresseuse : diable! diable! cela te recule d'une semaine. » Le maître, comme on peut le voir par ces lambeaux de phrases, tutoie toutes ses élèves, grandes et petites : c'est l'usage.

La danseuse est comme Apelles; elle doit dire : *Nulla dies sine linea*. Si elle reste un jour sans travailler, le lendemain, ses jambes sont prises, les articulations ne jouent pas si facilement; il lui faut une leçon double pour se remettre : depuis l'âge de sept ou huit ans, elle fait tous les jours les mêmes exercices. Pour danser passablement, il faut dix ans d'un travail non interrompu.

La leçon finie, le rat va s'asseoir sur la banquette, s'enveloppe soigneusement pour ne pas prendre froid, et, avant de rentrer dans le vestiaire, laisse errer un regard sur ses compagnes qui dansent encore, ou sur le petit jardin que l'on aperçoit de la fenêtre. Ce sont des pots d'aloès et de plantes grasses posés sur un rebord de pierre, des géraniums écarlate et des lianes grimpantes, pourprées et safranées. Ce coin de verdure égaye un peu la vue. Hélas! ces fleurs sont peintes, c'est un morceau de décoration que l'on a cloué sur le mur pour simuler un jardin : ce petit jardin, si frais et si riant à travers la vitre enfumée, est une coulisse d'opéra, une impitoyable ironie!

Haletante, trempée de sueur, les pieds endoloris, la danseuse rentre dans le vestiaire, se dépouille de son costume, change de linge et se rhabille. On a dit que la vie de la femme pouvait se résumer en trois mots : elle s'habille, babille et se déshabille. Cela est vrai, surtout de la fille d'Opéra.

Maintenant, c'est l'heure de la répétition; il faut encore mettre bas la robe de ville pour endosser la tunique de la danseuse. La répétition dure jusqu'à trois ou quatre heures. On ne peut retourner à la maison, en bas de soie et en cotte hardie : on reprend la robe de mousseline de laine, les souliers hanneton, les socques et le mantelet noir. Arrivée chez elle, la pauvre créature, pour reposer un peu ses membres brisés de fatigue, s'enveloppe de son peignoir le plus ample, chausse ses pantoufles les moins étroites, se plonge dans une causeuse, et, pendant que sa mère ou sa bonne cuisine son frugal repas, elle repasse son rôle et tâche de se bien loger dans la tête les indications du maître de ballet et du metteur en scène; puis elle dîne, non pas suivant son appétit, car elle doit danser le soir, et, si elle ne se ménageait pas, elle serait lourde, aurait des points de côté et perdrait son *vent*.

Il est six heures : c'est le moment de se rendre au théâtre; nouvelle toilette, avec augmentation d'une grande pelisse pour revenir le soir.

Au théâtre, les rats sont divisés par *tas*. On nomme tas une petite escouade de danseuses ou de figurantes, quatre ou six qui n'ont qu'une loge pour elles toutes, avec une habilleuse commune. Pour avoir une loge à soi, il faut être *sujet*, il faut avoir débuté et dansé un pas.

C'est alors que le rat s'habille et se déshabille avec

plus de vélocité que jamais : dans la même soirée, il est souvent bohémienne, paysanne, bayadère, nymphe des eaux, sylphide, costumes qui exigent un changement complet de chaussure, de coiffure et de maillot; le tout sans préjudice des évolutions très-fatigantes de la chorégraphie moderne, aussi compliquée et plus rigoureuse que la stratégie prussienne.

S'il fait partie de quelque *vol* périlleux, celui de *la Sylphide*, par exemple, le rat perçoit une gratification de dix francs. Les plus légères et les plus jeunes sont choisies ordinairement; cependant il n'est pas rare qu'elles refusent, et que la peur de rester en l'air et de se casser les reins ne l'emporte sur l'envie de toucher la gratification. Aussi un rat de la plus petite espèce, et si diminutif qu'on eût bien pu l'appeler souris, disait, en se haussant sur la pointe du pied, à M. Duponchel, dont elle cherchait à capter entièrement la bienveillance : « Je ne suis pas de celles qui ont refusé de monter dans la *gloire* du *Lac des fées*, parce qu'elle n'était pas assez solide. » C'est à l'occasion d'un de ces rats enchevêtré dans une bande d'air, au grand effroi du public, que la divine Taglioni a parlé sur le théâtre pour la première et la seule fois de sa vie . « Rassurez-vous, messieurs, il n'est rien arrivé de fâcheux. »

Telles sont les propres paroles de cette nymphe idéale, qui, jusque-là, n'avait parlé qu'avec ses pieds, et que tout le monde croyait muette comme une statue grecque.

Pendant la représentation, lorsqu'il n'occupe pas la scène, le rat, qui est très-légèrement habillé d'ailes de papillon, de nuages de gaze, et autres étoffes peu propres à concentrer le calorique, se tient debout sur les grillages des bouches de chaleur, espacées de coulisse en coulisse, se promène avec une de ses compagnes, et cause avec quelque diplomate ou quelque secrétaire de légation, ou bien il répète son pas au foyer de la danse, grande pièce ornée du buste en marbre de la Guimard, et, tout récemment encore, des lanternes chinoises de la *Chatte métamorphosée en femme*. Cette salle, coupée en deux par un plancher de rapport, formait autrefois le salon de l'hôtel Choiseul : on n'y peut entrer que chapeau bas. Quelquefois, lorsqu'il ne paraît que dans les premiers actes, le rat rentre dans la salle, et monte dans cette partie du théâtre qu'on appelle le *four*, près des loges du cintre et des *bonnets d'évêque*. De mauvaises langues prétendent que le spectacle est la chose dont on s'y occupe le moins.

La représentation achevée, la pauvre fille dépouille définitivement le maillot, reprend ses habits de ville, et descend par le couloir où stationnent les galants qui n'ont pas leurs entrées dans les coulisses, privilége fort rare qui n'est accordé qu'aux membres du corps diplomatique, aux lions fashionables, et aux sommités du journalisme. La danseuse prend le bras du préféré, qui l'emmène souper, et la reconduit chez elle ou chez lui, selon la circonstance.

Voilà le côté public, théâtral, non muré, de l'existence du rat; le côté intime est difficile à décrire devant des lecteurs pudibonds : il est viveur enragé, soupeur féroce, et sable le vin de Champagne comme un vaudevilliste; ses mœurs, si l'on doit donner ce nom à l'absence complète de mœurs, sont excessivement licencieuses et très-régence; les phrases équivoques et les plaisanteries en jupon très-court, les mots sans feuille de vigne, abondent dans sa conversation, d'un cynisme à embarrasser Diogène. Cette alternation perpétuelle de pauvreté et d'opulence, de privations et d'orgies, cet oubli parfait de la veille, du lendemain, et surtout du présent, ces habitudes élégantes et ignobles, cet argot emprunté aux saltimbanques et aux gens du monde, forment un caractère piquant, original, d'une grâce dépravée, d'une allure bohémienne tout à fait propre à réveiller la fantaisie blasée des dandys et des beaux fils, quelquefois même l'amour; car ces petites filles sont presque toujours fort jolies, contre l'idée du public, qui ne peut se figurer une fille de théâtre qu'avec de fausses dents, des yeux de verre, des maillots rembourrés, des corsets gonflés de ouate, des cheveux achetés à la foire de Caudebec, un teint couperosé, une peau jaune et rance qui n'a d'éclat qu'aux lumières. Les femmes du monde répandent très-activement ces idées préservatrices; mais il n'en est pas moins vrai que les peaux les plus fines, les plus douces, les plus satinées, que les dents les plus pures et les plus blanches, sont celles des femmes de théâtre, par la raison très-simple qu'elles en prennent depuis l'enfance un soin extrême, qu'elles ont des raffinements de toilette excessifs, et qu'elles savent très-bien qu'une ride ou une tache, c'est cinq cents francs ou mille francs de moins par mois sur leur budget. L'illusion du théâtre est une illusion du bourgeois : la scène fait paraître laides beaucoup de femmes qui sont jolies, mais elle n'a jamais fait trouver jolie une femme qui était laide. D'ailleurs, cette gymnastique perpétuelle, ces émotions variées, et, s'il faut le dire, cette folle vie, sont favorables aux développements des femmes et à la santé. Plus d'une jeune fille vertueuse, timide bouton éclos à l'ombre du rosier maternel, envierait la fraîcheur et le velouté des joues du rat le plus immoral.

Nous devons dire qu'une tendance nouvelle se manifeste dans les mœurs des coulisses. Naguère, le rat allait et venait toujours seul, rentrait ou ne rentrait pas, sans que madame sa mère y prît garde le moins du monde; maintenant, la mère et la fille ont compris que la sagesse rapportait plus que le vice, et que l'innocence d'une jeune vierge de seize ans valait mieux que le libertinage d'un enfant de treize ans. Tous les marchés d'esclaves ne sont pas en Turquie : ici, à Paris même, au milieu du XIXᵉ siècle, il se vend plus de femmes qu'à Constantinople. Plus la sagesse de l'enfant est notoire, plus les enchères montent haut; il y en a qui vont jusqu'à soixante mille francs. Avec cette somme, on aurait en toute propriété une demi-douzaine, et même plus, de Géorgiennes, de Circassiennes, de femmes jaunes de Golconde et de négresses de Damanhour.

L'appât de quatre ou cinq louis déterminait autrefois ces vertueuses mères à prêter leurs filles pour des soupers, des parties de plaisir, des bals masqués et des orgies de carnaval; maintenant, elles inspirent à leurs enfants des idées d'ordre et d'économie, qui feraient honneur aux mères de famille du Marais ou de la rue Saint-Denis. Ces phrases : « Il faut songer à se faire un sort! Tu n'oublieras pas ta mère quand tu seras heureuse! » reviennent à tout instant dans leur conversation.

Les rats mettent à la caisse d'épargne, ce qui annonce évidemment la fin du monde! A la vie échevelée et folle a succédé la vie de ménage, la vie de pot-au-feu, le bouilli sans persil. Enfantin chercherait vainement la femme libre à l'Opéra : tout ce peuple est arrangé par couples, comme les animaux de l'arche, et vit maritalement. Ces unions morganatiques sont fort à la mode, et nous devons dire que, sauf quelques exceptions, la fidélité y est aussi exactement gardée qu'ailleurs. Les *marcheuses*, dont le nom si tristement significatif, indique qu'elles seraient mieux sur l'asphalte où on les a prises que sur les planches de l'Opéra, gardent seules l'ancienne licence; mais ce qui n'était que de la débauche élégante et folle devient chez elles du stupide libertinage. Au moins, le rat est *artiste*, il a une autre ambition que celle de l'argent :

l'orgueil, cette belle passion dont les âmes basses disent tant de mal, a de la prise sur lui. Offrez-lui cent louis ou un pas à danser, un beau pas de premier sujet, il n'hésitera pas : il aime la gloire autant que les cachemires et les soupers.

DE LA MODE

Pourquoi l'art du vêtement est-il abandonné tout entier au caprice des tailleurs et des couturières, dans une civilisation où l'habit est d'une grande importance, puisque, par suite des idées morales et du climat, le nu n'y paraît jamais? Le vêtement, à l'époque moderne, est devenu pour l'homme une sorte de peau dont il ne se sépare sous aucun prétexte et qui lui adhère comme le pelage à l'animal, à ce point que la forme réelle du corps est de nos jours tout à fait tombée en oubli. Toute personne un peu liée avec des peintres, et que le hasard a fait entrer dans l'atelier à l'heure de la pose, a éprouvé, sans trop s'en rendre compte, une surprise mêlée d'un léger dégoût, à l'aspect de la bête inconnue, du batracien mâle ou femelle posé sur la table. Certes, une espèce inédite, rapportée récemment de l'Australie centrale, n'est pas plus imprévue et plus neuve, au point de vue zoologique, et, vraiment, une cage du Jardin des Plantes devrait-être réservée à deux individus de l'un et de l'autre sexe appartenant au genre *homo*, et dépouillés de leur peau factice. Ils y seraient regardés avec autant de curiosité que la girafe, l'hémione, le tapir, l'ornithorhynque, le gorille ou la sarigue.

Sans les admirables restes de la statuaire antique, la tradition de la forme humaine serait entièrement perdue. C'est en consultant ces marbres et ces bronzes, ou les plâtres moulés sur eux, et en les comparant au modèle nu, que les artistes parviennent à reconstituer péniblement l'être idéal qu'on voit dans les sculptures, les bas-reliefs et les tableaux. Quel rapport existe-t-il entre ces figures abstraites et les spectateurs habillés qui les regardent? les croirait-on de la même race? En aucune manière.

Nous regretterons éternellement le *nu*, qui est le principe même de l'art, puisque l'homme ne peut concevoir de forme plus parfaite que la sienne, pétrie à l'image de Dieu. Le nu, qui était *naturel*, sous le divin climat de la Grèce, dans la jeunesse de l'humanité, lorsque la poésie et les arts s'épanouissaient comme les fleurs d'un printemps intellectuel, a fait Phidias, Lysippe, Cléomène, Agasias, Agésandre, Apelles, Zeuxis, Polygnotte, comme plus tard il a produit Michel-Ange et les merveilleux artistes de la renaissance (sous le nom de *nu*, nous comprenons la draperie, son complément obligé, comme l'harmonie est le complément de la mélodie); mais déjà le nu n'était plus qu'une convention ; l'habit était la visible forme de l'homme.

Statuaires et peintres se plaignent de cet état de choses qu'ils pourraient, non pas changer, mais modifier à leur avantage. Le costume moderne les empêche, disent-ils, de faire des chefs-d'œuvre; à les entendre, c'est la faute des habits noirs, des paletots et des crinolines, s'ils ne sont pas des Titien, des Van Dyck, des Vélasquez. Cependant ces grands hommes ont peint leurs contemporains dans des costumes qui laissaient aussi peu paraître le nu que les nôtres, et qui, parfois élégants, étaient souvent disgracieux où bizarres. Notre costume est-il, d'ailleurs, aussi laid qu'on le prétend ? N'a-t-il pas sa signification, peu comprise malheureusement des artistes, tout imbus d'idées antiques ? Par sa coupe simple et sa teinte neutre, il donne beaucoup de valeur à la tête, siége de l'intelligence, et aux mains, outils de la pensée ou siége de la race; il maintient le corps à son plan et indique les sacrifices nécessaires à l'effet. Supposez Rembrandt face à face avec un homme de nos jours, en habit noir; il concentrera la lumière prise d'un peu haut sur le front, éclairera une joue, baignera l'autre d'une ombre chaude, fera pétiller quelques poils de la moustache et de la barbe, frottera l'habit d'un noir riche et sourd, plaquera sur le linge une large touche de blanc paillé, piquera deux ou trois points brillants sur la chaîne de montre, enlevera le tout d'un fond grisâtre, glacé de bitume. Cela fait, vous trouverez le frac du Parisien aussi beau, aussi caractéristique que le justaucorps ou le pourpoint d'un bourgmestre hollandais. Si vous préférez le dessin à la couleur, voyez le portrait de M. Bertin par M. Ingres. Les plis de la redingote et du pantalon ne sont-ils pas fermes, nobles et purs comme les plis d'une chlamyde ou d'une toge? Le corps ne vit-il pas sous son vêtement prosaïque comme celui d'une statue sous sa draperie.

La beauté et la force ne sont plus les caractères

typiques de l'homme à notre époque. Antinoüs serait ridicule aujourd'hui. Le moindre cric fait la besogne musculaire d'Alcide. On ne doit donc pas orner ce qui n'a pas d'importance réelle; il s'agit seulement d'éviter la lourdeur, la vulgarité, l'inélégance, et de cacher le corps sous une enveloppe ni trop large, ni trop juste, n'accusant pas précisément les contours, la même pour tous, a peu de chose près, comme un domino de bal masqué. Point d'or, ni de broderies, ni de tons voyants; rien de théâtral : il faut qu'on sente qu'un homme est bien mis, sans se rappeler plus tard aucun détail de son vêtement. La finesse du drap, la perfection de la coupe, le fini de la façon, et surtout le bien porté de tout cela constituent la *distinction*. Ces nuances échappent aux artistes, du moins au plus grand nombre, amoureux des couleurs vives, des plis abondants, des draperies à cassures miroitantes, des torses aux pectoraux bien divisés, des bras aux biceps en relief. Ils regrettent que quelque jeune élégant n'ait pas le caprice d'une toque à plume et d'un manteau écarlate; et ils s'étonnent de la persistance des gens du monde à garder ce costume si triste, si éteint, si monotone. C'est comme si on demandait pourquoi à Venise toutes les gondoles sont noires.

Cependant rien n'est plus facile à distinguer dans l'uniformité apparente que la gondole du patricien de la gondole du bourgeois.

Mais, par exemple, si les artistes sont fondés en raison lorsqu'ils réclament contre le costume des hommes, dont ils laissent l'invention aux tailleurs au lieu de le dessiner eux-mêmes, ils n'ont aucune objection plausible à élever contre le costume des femmes. S'ils allaient plus souvent dans le monde et voulaient se dépouiller de leurs préjugés d'atelier pendant une soirée, ils verraient que les toilettes de bal ont de quoi satisfaire les plus difficiles, et que le peintre qui les traiterait d'une façon historique, en y appliquant le style, sans cesser pour cela d'être exact, arriverait à des effets de beauté, d'élégance et de couleur dont on serait étonné. Il faut toute la force de la fausse éducation classique pour n'être pas frappé de l'aspect charmant que présentent une sortie d'Opéra, un cercle de femmes assises dans un salon, ou causant debout près d'une console ou d'une cheminée.

Jamais peut-être on ne s'est mieux coiffé : les cheveux sont ondés, crépelés, nattés, relevés en ailes, rejetés en arrière, tordus en câble, avec un art vraiment merveilleux. Le peigne parisien vaut le ciseau grec, et les cheveux obéissent plus docilement que le marbre de Paros ou du Pentélique. Regardez ces beaux bandeaux noirs, décrivant leurs lignes pures sur un front pâle, et pressés comme par un diadème, par une torsade, qui part du chignon et s'y rattache, cette couronne blonde, où semble palpiter la brise amoureuse, et qui forme comme une auréole d'or à une tête blanche et rose! Voyez avec quel goût se massent sur la nuque ces nœuds, ces boucles, ces tresses enroulées sur elles-mêmes comme une corne d'Ammon, ou comme une volute de chapiteau ionien! Un sculpteur athénien, un peintre de la renaissance, les disposeraient-ils avec plus de grâce, d'ingéniosité et de style? — Nous ne le croyons pas.

Nous n'avons parlé jusqu'ici que de l'arrangement même des cheveux, que serait-ce si nous arrivions aux coiffures proprement dites; nous défions l'art d'inventer mieux. Tantôt ce sont des fleurs où tremblent des gouttes de rosée, ouvrant leurs pétales parmi des feuillages glauques, roux ou verts; tantôt de souples brindilles qui descendent négligemment sur les épaules; ou bien des sequins, des résilles de perles, des étoiles en diamant, des épingles à boule de filigrane ou constellées de turquoises, des bandelettes d'or nattées avec les cheveux, des plumes légères comme des vapeurs colorées, comme des arcs-en-ciel, des nœuds de ruban chiffonnés et feuillus comme des cœurs de rose, des lacis de velours, des gazillons lamés d'or et d'argent dont chaque cassure papillote aux lumières, des écheveaux de corail rose, des grappes d'améthyste, des groseilles de rubis, des papillons de pierres précieuses, des bulles de verre au reflet métallique, des élytres de buprestes, tout ce que la fantaisie peut rêver de plus frais, de plus coquet, de plus brillant, et tout cela sans surcharge, sans excès, sans entassement grotesque, sans luxe ridicule, bien en harmonie avec l'air du visage et les proportions de la tête; la Vénus de Milo, si elle retrouvait ses bras et si une femme du monde voulait lui prêter son corsage, pourrait aller en soirée coiffée comme elle est. Quel éloge pour la mode de notre temps!

Mais la crinoline, allez-vous dire; les jupes cerclées, les robes à ressorts qu'on fait raccommoder comme des montres par l'horloger lorsqu'elles se détraquent, n'est-ce pas hideux, sauvage, abominable, contraire à l'art? Nous ne sommes pas de cet avis; les femmes ont raison qui maintiennent la crinoline malgré les plaisanteries, les caricatures, les vaudevilles et les avanies de toute sorte.

Elles font bien de préférer ces jupes amples, étoffées, puissantes, largement étalées à l'œil, aux étroits fourreaux où s'engaînaient leurs grands-mères et leurs mères. De cette abondance de plis, qui vont s'évasant comme la fustanelle d'un derviche tourneur, la taille sort élégante et mince; le liant du corps se détache avantageusement, toute la personne pyramide d'une manière gracieuse. Cette masse de riches étoffes fait comme un piédestal au buste et à la tête, seules parties importantes, maintenant que la nudité n'est plus admise. — Si l'on nous permettait un rapprochement mythologique dans une question si moderne, nous dirions qu'une femme en toilette de bal se conforme à l'ancienne étiquette olympienne. Les dieux supérieurs, en représentation, avaient le torse nu; des draperies à plis nombreux les enveloppaient des hanches aux pieds. C'est pour cela qu'on doit, quand on s'habille, se découvrir la poitrine, les épaules et les bras. La même mode se retrouve à Java, où l'on ne peut se présenter à la cour que nu jusqu'à la ceinture.

Érudition et plaisanterie à part, une jeune femme décolletée, les bras découverts, coiffée comme nous l'avons dit et traînant après elle des flots de moire antique, de satin ou de taffetas, avec ses doubles jupes ou ses volants multiples, nous semble aussi belle et aussi bien costumée que possible, et nous ne voyons pas trop ce que l'art aurait à lui reprocher. Par malheur, il n'y a pas de peintres contemporains; ceux qui paraissent vivre de notre temps appartiennent à des époques disparues. L'antiquité mal comprise les empêche de sentir le présent. Ils ont une forme de beau préconçue, et l'idéal moderne est lettre close pour eux.

Une objection plus sérieuse serait celle de l'incompatibilité de la crinoline avec l'architecture et l'ameublement modernes. Lorsque les femmes portaient des paniers, les salons étaient vastes, les portes s'ouvraient à deux larges battants, les fauteuils écartaient leurs bras, les carrosses admettaient aisément cette envergure de jupes ; les loges de théâtre ne ressemblaient pas à des tiroirs de commode. Eh bien, on fera des salons plus grands, on changera la forme des meubles et des voitures, on démolira les théâtres! La belle affaire! car les femmes ne renonceront pas plus à la crinoline qu'à la poudre de riz, — autre thème de déclamation banale que ne devrait varier aucun artiste.

Avec le rare sentiment d'harmonie qui les caractérise, les femmes ont compris qu'il y avait une sorte de dissonance entre la grande toilette et la figure *naturelle*.

De même que les peintres habiles établissent l'accord des chairs et des draperies par des glacis légers, les femmes blanchissent leur peau, qui paraîtrait bise à côté des moires, des dentelles, des satins, et lui donnent une unité de ton préférable à ces martelages de blanc, de jaune et de rose qu'offrent les teints les plus purs. Au moyen de cette fine poussière, elles font prendre à leur épiderme un mica de marbre, et ôtent à leur teint cette santé rougeaude qui est une grossièreté dans notre civilisation, car elle suppose la prédominance des appétits physiques sur les instincts intellectuels. Peut-être même un vague frisson de pudeur engage-t-il les femmes à poser sur leur col, leurs épaules, leur sein et leurs bras ce léger voile de poussière blanche qui atténue la nudité en lui retirant les chaudes et provocantes couleurs de la vie. La forme se rapproche ainsi de la statuaire; elle se spiritualise et se purifie. Parlerons-nous du noir des yeux, tant blâmé aussi? Ces traits marqués allongent les paupières, dessinent l'arc des sourcils, augmentent l'éclat des yeux, et sont comme les coups de force que les maîtres donnent aux chefs-d'œuvre qu'ils finissent. La mode a raison sur tous les points.

Qu'un grand peintre comme Véronèse peigne l'escalier de l'Opéra ou le vestibule des Italiens, quand les duchesses du monde ou du demi-monde attendent leurs voitures, drapées de burnous blancs, de cabans rayés, de camails d'hermine, de sorties de bal capitonnées et bordées de cygne, d'étoffes merveilleuses de tous les pays; la tête étoilée de fleurs et de diamants, le bout du gant posé sur la manche du cavalier, dans toute l'insolence de leur beauté, de leur jeunesse et de leur luxe, et vous verrez si, devant son tableau, on parlera de la pauvreté de notre costume!

LA TAUROMACHIE

On a fait beaucoup de descriptions de courses de taureaux, plus ou moins exactes, à des points de vue différents.

Presque toutes commencent par des considérations élégiaques sur la férocité de ces jeux sanglants.

Notre manière de voir n'est pas la même, et nous partageons là-dessus les idées espagnoles. Nous trouvons que ce spectacle est noble, héroïque, et digne d'un peuple vaillant; il démontre la supériorité du courage sur la force brutale, et de l'esprit sur la matière.

Cette lutte, où le combattant le plus faible est presque toujours vainqueur, et cela, par le sang-froid, par l'appréciation juste du danger, inspire à l'âme des spectateurs un sentiment de fierté bien différent du trouble où les laissent les émotions de théâtre. C'est une impression mâle, énergique, robuste, et préférable aux mélancolies romanesques, aux aspirations sans but ou vers des régions inaccessibles, que font naître dans l'esprit du peuple les représentations scéniques, en lui découvrant un monde où il ne doit jamais entrer.

Quand Montès vient d'abattre un taureau par une de ces estocades étincelantes, rapides comme la foudre et la pensée, et qu'il est applaudi par des milliers de mains brunes et de mains blanches, il n'est personne qui ne désirât être à sa place.

C'est un héros dans la force du terme, et, quoi qu'en puissent dire les poltrons, jouer sa vie sur un coup de dé est une belle chose, que ce soit pour conquérir un trône ou un applaudissement.

Les toreros cependant ne courent pas autant de risques qu'on pourrait le croire; ils sont exercés de longue main, et les accidents sont réellement assez rares : c'est tout au plus si, année moyenne, on compte, pour toutes les Espagnes, un ou deux cas de mort, et une douzaine de blessures ayant quelque gravité.

C'est trop sans doute; mais il faut penser que les courses ont lieu pendant six mois, et presque toutes les semaines dans beaucoup de localités. Si l'on marquait ce qu'il y a, en France, d'écuyers, d'acrobates et de faiseurs de tours qui se rompent le cou, l'on arriverait à un chiffre bien plus élevé.

Ferdinand VII, *el rey nelo*, grand amateur de courses, avait fondé à Séville un conservatoire de *toromaquia*, où des élèves choisis étaient dressés, aux frais du gouvernement, à tuer les taureaux d'après les règles de l'art et avec les finesses les plus exquises.

On commence d'abord par exercer les élèves sur un taureau de carton, auquel ils détachent des estocades, à peu près comme lorsqu'on tire le fleuret au mur.

Quand ils ont acquis assez de précision et qu'ils touchent fréquemment les bonnes places (derrière les cornes, à la racine du cou, ou entre les deux épaules), on les met face à face dans l'arène avec de jeunes taureaux de deux ou trois ans qu'on nomme *novillos;* l'extrémité de leurs cornes est garnie de lanières de cuir entrelacées de manière à former une boule, et ils s'appellent, à cause de cela, *embolados*. De cette façon, ils ne peuvent faire de mal, et le seul danger que coure le jeune torero, c'est d'être renversé et foulé aux pieds.

Lorsque les élèves sont tout à fait sûrs de leurs coups, ils s'attaquent à des taureaux sérieux; les professeurs sont à côté d'eux pour les soutenir en cas de péril. Après trois ou quatre années d'études, les apprentis toreros sont en état de paraître dans la place.

Cependant bien des maîtres célèbres n'ont pas suivi cette route : ils ont d'abord été *banderilleros, capeadores*, avant de devenir *espadas*.

Le grand Montès, le digne descendant des Romero, des Martincho, des Pepe-Illo, a écrit un traité spécial où il analyse minutieusement les qualités que doivent avoir les *toreros*; les différentes *suertes* ou *cogidas*, la manière d'agiter la cape, d'appeler le taureau, de se servir de la *muleta*, et toutes les ressources du métier. Plusieurs chapitres sont consacrés à la connaissance et à l'appréciation des taureaux, et ce ne sont pas les moins curieux de l'ouvrage.

En effet, de la justesse de coup d'œil du torero dépendent sa sûreté et sa vie.

Les taureaux ont des caractères différents et ne se conduisent pas tous sur la place de la même manière : un torero habile, dès les premiers pas que fait une bête dans l'arène, comprend si elle est lourde (*aplomada*), ou légère (*de muchas piernas*), franche ou sournoise; si elle a la vue basse ou longue, chose d'une extrême importance. Ces défauts et ces qualités se distinguent à des signes certains ou presque certains pour des yeux exercés comme ceux de Montès et des maîtres célèbres.

Une chose importante, c'est que les taureaux n'aient jamais paru sur la place.

Ceux qui ont déjà figuré dans quelque course en qualité de *novillos* sont beaucoup plus dangereux que les autres; ils manquent de *sencillez* (franchise), se défient, se tiennent sur leurs gardes, et mettent à profit leur expérience. C'est par un taureau de cette nature que fut tué le fameux Pepe-Illo.

Un bon taureau de course doit être âgé de quatre ou cinq ans, et avoir été élevé dans un pâturage (*ganaderia*) éloigné de toute habitation humaine, de façon à conserver toute sa sauvagerie. Il doit avoir les jambes sèches, l'épaule large, le fanon développé, les cornes longues, évasées en croissant.

Les plus estimés viennent d'Utrera et des montagnes de l'Aragon. On les amène soit au moyen d'une vache qu'ils suivent, soit en les mêlant à de grands bœufs qui ont des sonnettes au cou ; des bergers à cheval, armés de lances, les conduisent au lieu de leur destination, en évitant les endroits fréquentés et ne marchant que la nuit.

A Madrid, on va les voir, la veille de la course, parqués dans un pré qu'on appelle *el aroyo*. Cette promenade n'est pas sans quelque danger : les amateurs, les dilettanti, qui portent en Espagne le nom d'*aficionados*, observent les gladiateurs cornus, se passionnent pour tel ou tel animal et tirent des augures favorables ou défavorables pour le lendemain ; les défauts et les qualités des taureaux sont analysés avec une sagacité merveilleuse.

La nuit même qui précède la course, on les enferme dans des loges formées de poutres, qui s'ouvrent et qui se ferment avec des portes assez semblables à des vannes de moulin. Ils ne sortent de là que pour s'élancer dans l'arène.

A travers les interstices des poutres, on harcèle

de piqûres ceux d'entre eux qui paraissent d'humeur pacifique, et l'on ne néglige rien pour leur aigrir le caractère. On leur fait des frictions d'acide nitrique, qui les exaspère au plus haut degré.

Chaque taureau porte au cou, piquée dans le cuir par une aiguillette, une touffe de rubans appelée *divisa*, et dont la couleur sert à faire reconnaître le pâturage et l'éleveur auxquels il appartient. La couleur des *divisas* est indiquée sur l'affiche des courses avec les noms des provinces et des propriétaires, à peu près comme, sur les programmes des courses de chevaux, se trouvent indiquées les nuances des casaques que portent les jockeys.

Tous les taureaux qui paraissent sur la place, dans des localités d'importance secondaire, ne sont pas inévitablement mis à mort. Alors, l'affiche mentionne cette particularité dans les termes suivants : *Se lidiaran seis toros, siendo dos de muerte* (on combattra six taureaux, dont deux à mort). Mais, à Madrid, le carnage est complet, et nul taureau ne sort vivant de l'arène.

Le nombre des victimes est ordinairement de huit, qui éventrent chacune deux ou trois chevaux avant d'être livrées au fer de l'espada. Cela forme une media-corrida (demi-course).

La corrida entière, comme elle se pratiquait anciennement et encore sous Ferdinand VII, aficionado enragé, avait deux actes, et consommait seize taureaux ; le premier acte se jouait le matin, et le second *á la tarde* (sur le tard), c'est-à-dire vers les cinq heures du soir.

Le second acte est le seul que l'on exécute maintenant devant un immense concours de monde, dans le cirque que l'on trouve à la gauche de la belle porte d'Alcala, en sortant de la ville.

Malgré les récits plus ou moins circonstanciés des voyageurs, il est encore peu de personnes qui se figurent bien nettement la disposition d'une *plaza* et la manière dont les choses s'y passent. Il nous convient de donner une idée complète de ce spectacle étrange, intéressant au suprême degré, et qui rend bien fades, pour ceux qui ont eu comme nous le bonheur d'y assister, toute espèce de représentations scéniques.

Goya, l'admirable auteur des *Caprices*, était un aficionado exalté : il passait sa vie parmi les toreros et ne manquait pas une course. Il a rendu, sous le titre de *Toromaquia*, dans une suite d'eaux-fortes mêlées d'aqua-tinta, avec cette fougue, cette fantaisie et ce caractère profondément espagnol qui lui sont propres, différentes scènes de courses depuis les Mores jusqu'à son temps, depuis Gazul, le Cid et Charles-Quint jusqu'à l'étudiant de Falces, Martincho et l'Américain.

C'est à ce recueil, qu'on ne trouve que fort difficilement en France et qui n'existe pas à la Bibliothèque royale, que l'on pourrait emprunter des illustrations. Il serait impossible d'en avoir de plus locales et de plus fidèles.

L'arène est fort vaste, en général; ce drame a besoin de place pour se dérouler, et les petites dimensions d'une place le rendent plus dangereux. Celle de Cadix, une des moins grandes d'Espagne, est redoutée des toreros les plus intrépides : si les taureaux sont légers, ou, comme on dit en argot toromaquiste, de beaucoup de jambes *(de muchas piernas)*, il faut se tenir tout près des barrières; car on serait facilement atteint. Dans les vastes places, le torero s'est bientôt mis hors de distance; car le taureau ne court vite que par l'impulsion du premier élan, et il se fatigue bientôt.

Les places de Madrid, de Séville, de Jerès, de Malaga, de Valence, que nous avons vues, peuvent contenir dix ou douze mille personnes, ce qui fait aisément comprendre quelle doit être la grandeur de l'arène.

Autour de l'arène règne une barrière en planches de six à sept pieds de haut environ, qui s'appelle *las tablas*. Du côté de la place, les *tablas* sont garnies d'un rebord, ou cordon de charpente en saillie, qui donne aux toreros poursuivis la facilité de poser le pied pour franchir plus lestement la barrière. Les *tablas* sont éloignées de quatre ou cinq pieds du premier gradin de l'amphithéâtre, de manière à former un couloir par où circulent les gens de service.

Les places les plus recherchées sont celles du premier gradin, bien qu'elles soient les plus dangereuses; car le taureau franchit quelquefois la première enceinte; on les appelle *asientos de barrera* : c'est là que se mettent les aficionados, comme les amateurs de ballet aux stalles d'orchestre, les jours où dansent Taglioni, Elssler ou Carlotta.

Les loges nommées *tertulias* ou *palcos* se trouvent en haut, sur le bord du vaste entonnoir formé par le cirque.

Quatre portes sont percées symétriquement dans la circonférence de l'arène : la première, qui se trouve en face de la loge de l'ayuntamiento, est le *toril*; c'est par là que les taureaux entrent dans la place. La seconde, en face, est le *matadero*, l'endroit où l'on entraîne les bêtes mortes, où l'on écorche les taureaux, etc. La troisième contient les écuries et le chenil; et la quatrième, qui fait face à celle-là, donne sur le foyer des toreros; c'est là qu'ils s'habillent et se retirent, s'ils sont blessés ou contusionnés.

Maintenant que nous vous avons donné une idée du *terrain*, nous allons vous décrire les acteurs.

Tous ceux qui s'adonnent à la toromaquia sont compris sous le nom générique de *toreros* ou *diestros*; il est très-rare que l'on se serve du mot toreador.

Nous n'avons jamais entendu, en Espagne, quelqu'un se servir du mot toreador ni de celui de matador.

Les toreros sont divisés en plusieurs catégories, dont chacune a une mission spéciale à remplir; le rôle de chaque acteur est très-nettement arrêté dans cette tragédie.

Le *picador* est celui qui subit la première attaque du taureau : il est posté à quelques pas de la porte du toril. Les qualités nécessaires pour être bon picador sont assez nombreuses : la première, c'est d'être excellent écuyer ; la plupart du temps, ils ont affaire à des chevaux vicieux, sans moyens, ruinés ou mal dressés ; car la plaza de Toros est, pour les rosses espagnoles, ce que Montfaucon est pour les rosses parisiennes.

Comme très-souvent le picador est obligé de fournir sa carrière avec un cheval éventré et plus qu'à moitié mort, il faut qu'il excelle dans l'art de soutenir et d'éperonner sa monture. Il faut, en outre, qu'il soit d'une constitution athlétique et d'un certain poids pour résister à l'assaut de l'animal furieux.

Le picador est exposé à de fréquentes chutes ; son cheval est souvent renversé les quatre fers en l'air. Le talent est de tomber sous le corps du cheval, qui sert de bouclier et reçoit les coups de corne destinés au cavalier : l'arme du picador, ainsi que son nom l'indique, est une lance de six à sept pieds de long, garnie d'un fer de deux ou trois pouces, qui peut piquer et irriter l'animal, mais non lui donner la mort.

Pour que la hampe de cette lance ne lui glisse pas dans la main, le picador porte au pouce un doigt de peau. Avec cette lance (*vara*), il doit frapper le taureau à l'épaule gauche et non ailleurs, et la précision de certains picadores est telle, qu'ils remettent plusieurs fois dans le même trou. Un coup porté ailleurs déshonorerait le picador, et serait regardé comme le plus lâche assassinat.

Le picador, aussitôt que, sur le signe de l'alcade, le garçon de combat a ouvert les portes du toril, s'affermit sur ses arçons, abaisse sa lance et attend le choc, immobile sur son cheval, dont on a eu soin de bander les yeux.

S'il a le bras vigoureux et l'assiette ferme, le taureau passe après avoir pesé sur la lance, et court, emportant à l'épaule une blessure qui ne tarde pas à rayer sa peau noire de filets pourpres, vers le second picador posté, le long des tablas, à quelque distance du premier. Souvent le taureau, s'il est ce qu'on appelle un taureau clair (*claro*), fonce sur le picador sans tenir compte des piqûres de la *vara*, et fouille à grands coups de corne le ventre ou le poitrail du cheval. Cette position est assez critique, car, ainsi travaillé, le pauvre cheval ne peut manquer de s'abattre et de tomber sur le flanc.

Le picador s'accroche alors aux tablas et se réfugie dans le couloir; ou bien il se couvre avec le corps de sa monture, en attendant que les *chulos* viennent le délivrer, ce qu'ils font en agitant devant le mufle du taureau des capes de couleurs brillantes, dont le stupide et farouche animal se met à poursuivre les plis voltigeants et trompeurs, abandonnant, pour cette ombre vaine, une vengeance assurée, et qu'un coup de corne de plus aurait accomplie.

Le costume du picador mérite d'être décrit : il consiste dans de grands pantalons de peau de buffle, dont les jambes, surtout la droite, qui est plus exposée aux chocs, sont matelassées et garnies de tôle; dans une veste courte de velours, rouge, orange ou bleue, enjolivée de broderies, de boutons, d'aiguillettes, d'ornements de toute sorte aux coudes, aux parements, aux épaulettes, et jusque dans le milieu du dos; — un gilet également brodé; une large ceinture de soie; un chapeau gris à larges bords, tout orné de rubans, et assez semblable à celui de nos forts de la halle, complètent l'ajustement. La selle est haute par devant et par derrière; les étriers, de bois, ont la forme des étriers turcs, et présentent au fond un point d'appui large et solide.

Il faut vraiment que les picadores soient de fer pour résister à des secousses si violentes, à des chutes si rudes. Il est vrai que le sol de l'arène est préparé comme celui du Cirque-Olympique, ce qui diminue le danger.

Les picadores les plus renommés aujourd'hui sont : Sevilla, Fabre Rodrigues, Juan de Dios Dominguez, Tonquin Evisto, Antonio Sanchez, José Trigo, Joaquin Coito et Francesco Briones, de Puerto-Réal; mais Sevilla surtout est sans rival.

Le *capeador*, ou *chulo*, vient immédiatement après le picador. Le capeador doit être jeune, svelte et bon coureur. Il n'a pour arme qu'un manteau (*capa*) de taffetas, ou de percale gommée de couleur brillante, rose vif, bleu clair, jaune-paille, vert-pomme, qui puisse attirer facilement l'attention de la bête farouche.

Le chulo sert à distraire le taureau, à le faire changer de place, à lui donner le change quand un picador désarçonné se trouve en danger de recevoir quelque coup de corne; cela s'appelle, en style technique, *capear* ou *sacar de capa*; on dit aussi *trastear*.

Aucun de ces mots du dictionnaire tauromaquiste n'a d'équivalent ni en français ni dans aucune langue; ils appartiennent exclusivement à l'Espagne, comme les choses qu'ils représentent.

Les *suertes* de capa les plus usitées sont la *veroncia*, la *navarra el chatre*, les *recortes* et les *galleos*.

La *veroncia* et surtout la *navarra*, s'emploient fréquemment : pour les exécuter, le *chulo* se place droit devant le taureau, l'appelle (*cita*) sur sa *juridiction*, c'est-à-dire le fait sortir de son terrain, tend les bras, et lui secoue sa cape devant les yeux et gagne au pied; dans la *navarra*, l'homme, après avoir agité son manteau sur le mufle de l'animal, fait un saut de côté pour le laisser passer. Ces exercices brillants et gracieux n'offrent que fort peu de danger; si le diestro est trop vivement poursuivi, il n'a qu'à jeter sa cape derrière lui, la bête furieuse s'en empare, la déchire, la foule aux pieds, la lacère de coups de corne, la jette en l'air, s'embarrasse dans les plis, et se fait des turbans que les marchandes de modes n'ont pas prévus.

Ces *suertes* l'excitent et la fatiguent en même temps. Au lieu de courir jusque sur le terrain du diestro, le taureau commence à ne plus poursuivre la cape que pendant quelques pas, au bout desquels il revient à sa *querencia*.

Il faut donc quelque chose de plus vif, de plus aigu pour aviver sa colère qui s'éteint. Le moment est arrivé de poser les banderillas.

Quand le quadrille (on nomme ainsi la troupe que tout matador emmène avec lui) n'est pas nombreux, les capeadores font l'office de banderilleros; mais assez souvent *les suertes de banderillas* sont exécutées par des acteurs spéciaux. Elles exigent beaucoup d'adresse, de sang-froid et de légèreté, et pourraient devenir aisément dangereuses.

Les *banderillas* consistent en flèches de trois pieds de long à peu près, ferrées d'une pointe à crochet pour s'implanter dans le cuir, et garnies de découpures de papier qui bruissent et papillotent.

Le banderillo va au-devant du taureau, dont il éveille l'attention en choquant l'une contre l'autre ses flèches barbelées.

Le taureau sort de son terrain, passe sur celui du banderillo, baisse la tête, *s'humilie* en termes techniques, pour lui donner la cogida ; c'est le moment de poser les dards, ce qui s'exécute en étendant les bras au-dessus des cornes, les pointes des flèches tournées en bas et un peu séparées de manière à ce qu'il en entre une dans chaque épaule, si l'animal a été bien manégé par les capeadores, c'est-à-dire si le manteau lui a été jeté très-bas, de façon à l'acoutumer à bien baisser la tête, les *suertes de banderillas* se font avec grâce et sécurité. Elles sont plus difficiles et plus dangereuses quand le taureau tient les cornes hautes.

Une appréciation très-juste des dispositions de la bête, du degré de colère et de fatigue où elle est arrivée, de sa légèreté, du côté par lequel le coup de corne lui est plus facile, ce qui se connaît par le mouvement plus rapide de l'oreille, est tout à fait indispensable au banderillo.

Quand le taureau a sur les épaules trois ou quatre paires de banderillas, il est suffisamment préparé à la mort.

L'espada, qui jusqu'alors a été spectateur impassible, en apparence, des divers événements de la course, son épée à la main, sa muleta sur le bras (espèce de voile rouge fixé sur un bâton), mais qui n'a pas cessé d'observer les qualités, les défauts, les habitudes du monstre écumant avec lequel il va entrer en lutte, s'avance vers la loge de l'ayuntamiento et demande la permission de donner l'estocade.

Cette permission accordée, l'espada jette sa montera (sorte de coiffure) en l'air, pour montrer qu'il joue son va-tout, et se dispose à sa périlleuse besogne.

Voici, d'après Montès, l'idéal du torero : personne, à coup sûr, n'en a plus approché que lui.

Le torero doit être doué par la nature de certaines

qualités particulières ; s'il n'est pas très-rare de les rencontrer réunies dans le même individu, il est, du moins, peu fréquent qu'elles s'y déploient dans tout leur éclat.

Les qualités indispensables au torero sont : la valeur, la légèreté et une parfaite connaissance de sa profession.

Les deux premières naissent avec l'homme, la troisième s'acquiert.

La valeur est si nécessaire à celui qui veut devenir torero, que sans elle il ne pourra jamais arriver à l'être ; mais il faut que cette valeur n'aille pas jusqu'à la témérité et ne recule pas jusqu'à la peur : l'une et l'autre extrémité peuvent attirer beaucoup de malheurs et peut-être la mort.

Celui qui sera téméraire, et qui voudra exécuter un coup sans que le taureau soit dans la situation voulue, pour montrer ainsi son courage et son habileté, loin d'arriver à son but, fait preuve de manque de jugement et de peu de connaissances, et par le seul effet du hasard sortira sain et sauf d'une rencontre qui pouvait lui être fatale.

Celui qui, au contraire, laisse passer par crainte le

moment opportun d'exécuter la *suerte*, ou ne comprend pas bien sa position, ou ne voit pas arriver le taureau, conséquences de la peur qu'il en a, sera toujours en danger d'être atteint. Ses rencontres seront très-périlleuses, le jugement lui défaillant pour éviter le taureau, et ce sera un miracle s'il ne finit pas ses jours sur les cornes de cette bête féroce.

Il est nécessaire d'éviter ces deux extrêmes avec soin; la vraie valeur est celle qui vous maintient devant le taureau dans la même sérénité que s'il n'était pas là, et vous laisse assez de sang-froid pour décider sur-le-champ ce qu'il faut faire avec la bête.

Celui qui possède cette valeur a la plus importante qualité du torero, et il peut être assuré qu'en y réunissant les deux autres, il jouera les taureaux sans le moindre risque.

La légèreté est une autre qualité tout à fait indispensable à celui qui veut s'adonner à la tauromachie; mais il ne faut pas croire que la légèreté du torero consiste à se mouvoir perpétuellement d'ici là sans tenir un instant en place; c'est un défaut très-grand, et auquel on reconnaît un mauvais torero. La légèreté dont nous parlons consiste à courir droit avec beaucoup de vitesse, à se détourner, à se garer, à changer de direction avec une grande célérité.

Il est aussi nécessaire au torero de bien sauter; mais où sa légèreté s'apprécie le mieux, c'est dans les mouvements qu'il est nécessaire d'exécuter dans les *embroques de corte* pour se préserver des coups de corne. (*Embroque* se dit de la position où se trouve le diestro vis-à-vis du taureau, et dans laquelle il recevrait un coup de corne s'il n'en changeait.)

Celui qui possède cette agilité a beaucoup de chance pour que le taureau ne l'attrape jamais, et il est indispensable d'en être doué pour exécuter avec sécurité les *recortes*, les *galleos*, etc.

Il y a une remarque à faire relativement à cette dernière espèce de légèreté; c'est que, lorsque celui qui la possède bien est arrivé, à cause de l'âge, à perdre les pieds, il la conserve longtemps encore de manière à déployer sur l'arène la même supériorité magistrale qu'au temps où il avait toute sa vigueur.

Nous en avons des exemples frappants dans les matadores; car nous voyons des hommes qui sont lourds, même pour marcher, parce qu'ils passent la soixantaine, et qui tuent un taureau avec une légèreté incroyable, exécutant des mouvements très-rapides, des sauts violents, et usant de leurs pieds avec la même utilité et la même perfection que lorsqu'ils ne comptaient pas plus de trente ans.

Celui qui, avec les deux qualités susdites, s'adonne à la tauromachie, finira par la pratiquer heureusement, à la condition expresse d'y joindre une parfaite connaissance de l'art. Cette connaissance, il est facile de l'acquérir, et elle est si nécessaire, que sans elle l'homme qui ira se placer devant les taureaux deviendra leur victime, même quand il aurait les autres qualités.

La valeur sans la connaissance ne lui servira qu'à ne pas chanceler en allant se jeter à la tête du taureau, et la légèreté qu'à le faire blesser plus vite.

Par conséquent, la connaissance est la principale qualité du bon torero; elle doit être son guide dans toutes les *suertes*; la valeur lui servant à ce qu'aucune ne le trouble, et la légèreté pour les accomplir avec sécurité et perfection.

La nécessité de connaître à fond les règles de l'art est évidente lorsqu'on fait cette seule réflexion, que les taureaux ne laissent pas le temps de consulter les livres ni les traités, et encore moins de méditer.

C'est pour cela qu'il ne faut se présenter, même dévant la bête la plus franche, que bien instruit de tout ce qu'il est possible de savoir ; alors, d'un seul coup d'œil, le torero comprendra les habitudes naturelles et accidentelles du taureau, sa classe, ses jambes et la manière dont les *suertes* doivent être divisées : il connaîtra le moment opportun de les exécuter et, aidé par la légèreté, il les pratiquera avec succès, sérénité et désinvolture.

« Il ne sera jamais bon torero, celui qui ne possède pas à la perfection toutes ces qualités ; sa vie sera continuellement en péril ; il n'exécutera proprement aucune *suerte*, et n'obtiendra pas l'approbation des spectateurs intelligents. Je lui conseille amicalement et avec sincérité de chercher un autre métier s'il est torero de profession, et, s'il est amateur, de ne pas se risquer avec des bêtes de plus de trois ans, de les choisir d'une nature franche, et, pour diminuer le danger, de leur mettre des boules ou de leur scier la pointe des cornes. »

Tel est l'avis de Montès, et personne n'en peut nier la justesse.

Le costume de l'espada est d'une grande élégance et souvent d'une grande richesse : culotte courte, veste de satin brodée d'or ou d'argent, ceinture et bas de soie, fin soulier, coquette montera; rien n'y manque.

Tel de ces costumes a coûté quinze cents ou deux mille francs.

Les armes du matador sont une longue épée à la poignée en croix, et la *muleta*, carré long d'étoffe de couleur rouge ajusté sur un bâton. La muleta lui sert à exciter le taureau, à lui donner le change, et surtout à l'*humilier*, c'est-à-dire à lui faire baisser la tête, position nécessaire pour certaines estocades.

Il y a différentes *suertes de muerte* (coups de mort), qui s'exécutent avec quelques variations nécessitées par le caractère et la nature des taureaux.

Une des plus usitées est celle qu'on nomme *á toro recibido*.

Le matador se porte en face de l'animal, l'appelle sur son terrain en faisant des passes avec la muleta, et, lorsqu'il fond sur lui, étend entre ses cornes le bras qui tient l'épée. Le taureau s'enferre lui-même, et le torero fait un saut de côté qui le met hors d'atteinte.

L'*estocada de vuela piés*, dont on attribue l'invention à Joaquin Rodriguès, exige, au contraire, que le taureau soit complétement immobile; c'est un des plus beaux coups que l'on puisse voir, et, lorsqu'il est bien réussi, l'animal tombe aux pieds de l'homme sans avoir perdu une goutte de sang et comme frappé par la foudre. C'est vraiment un spectacle étrange et surprenant de voir l'immobilité de la mort succéder si rapidement à toute cette fureur et à toute cette agitation.

Il y a aussi d'autres coups d'un emploi moins fréquent : l'*estocada á la carrera*, *á media vuelta*, *á paso de banderillas*, mais qui servent à varier les courses, et sont d'un excellent recours contre les taureaux revêches, poltrons ou malicieux, qui ne se présentent pas avec franchise.

Il nous serait difficile de donner à nos lecteurs une idée de ces différents coups, les termes techniques de la tauromachie n'ayant pas d'équivalents dans notre langue, et chaque mot exigeant une périphrase ou un commentaire.

La mort immédiate du taureau n'est pas toujours la conséquence de ces estocades : il arrive souvent que l'épée, entrant de haut, rencontre les os et rejaillit hors de la blessure : il faut alors revenir à la charge. Les toreros les plus habiles ne réussissent pas toujours du premier coup.

Les estocades produisent immédiatement la mort

lorsque, pénétrant entre deux vertèbres, le fer tranche la moelle épinière, ou atteint ce que les toreros appellent la *herradura*. Ce coup tue le taureau, même quand l'épée n'est entrée qu'à moitié.

On connaît que l'épée a coupé la herradura lorsqu'elle est entrée obliquement, un peu basse, et dans la poitrine; le taureau reste encore quelques minutes sur pied, mais sans force, et tombe bientôt mort, sans répandre de sang, ni par la blessure, ni par le mufle.

Le torero, qui vient d'exécuter ce coup, laisse le taureau tout seul, par manière de gentillesse, et salue les spectateurs incertains, qui attendent la chute de l'animal.

Quelquefois, lorsque la blessure n'est pas assez profonde pour causer la mort, il faut que le torero ou un chulo agite devant la tête de l'animal la *capote*, ou la *muleta*, pour l'étourdir et le faire tomber. Alors s'avance le *cachetero*, armé de sa *puntilla*, dont il frappe le taureau derrière la racine des cornes, de façon à traverser la cervelle.

Cette opération s'appelle *cachetear*.

Certains coups, nommés *golletes*, font vomir beaucoup

de sang à l'animal et sont, à cause de cela, peu estimés. Parfois les taureaux sont si lâches, qu'il est impossible de les déterminer à faire un pas, ce qui nécessite l'emploi de la *media luna*, espèce de croissant à l'aide duquel on leur coupe les jarrets de derrière : rien n'est plus hideux, et l'on ne recourt à ce moyen qu'à la dernière extrémité.

Les anciens maîtres José Candido, Lorencillo, José Delgado, Romero, renchérissaient encore sur les dangers naturels que présentent les courses. Romero, par exemple, donnait l'estocade de mort, les fers aux pieds, assis sur une chaise, et n'ayant pour *muleta* que son chapeau.

El Americano attaquait la bête, monté sur un autre taureau sellé et bridé.

Le licencié de Falces se présentait devant l'animal, embossé dans son manteau, c'est-à-dire n'ayant pas les bras libres.

Ces coquetteries de témérité sont un peu tombées en désuétude, bien que Montès, dans ses jours de bonne humeur, se permette avec le taureau une infinité de pasquinades qui seraient dangereuses pour tout autre que lui.

Lorsque le *cachetero* a terminé son office, un attelage de mules pompeusement harnachées, s'élance dans la place, et emporte les victimes avec une rapidité éblouissante. Les trompettes sonnent, les portes du toril se rouvrent, et un autre acteur à quatre pieds vient jouer son rôle sur ce théâtre où nul ne reparaît deux fois.

FIN

TABLE

DEUX ACTEURS POUR UN RÔLE. 1
L'OREILLER D'UNE JEUNE FILLE. 21
LE BERGER. 39
LA CAFETIÈRE. 75
L'AME DE LA MAISON. 91
LAQUELLE DES DEUX. 135
UNE VISITE NOCTURNE. 149
SYLVAIN. 157
LA FAUSSE CONVERSION. 165
LE PORTRAIT DE MADAME JABULOT. 208
FEUILLETS DE L'ALBUM D'UN JEUNE RAPIN. 223
MONOGRAPHIE DU BOURGEOIS PARISIEN 243
LE GARDE NATIONAL RÉFRACTAIRE. 271
LE MAITRE DE CHAUSSON. 289
LE PARFAIT GENTLEMAN. 311
LE RAT. 327
DE LA MODE. 349
LA TAUROMACHIE. 361

www.ingramcontent.com/pod-product-compliance
Lightning Source LLC
Chambersburg PA
CBHW050427170426
43201CB00008B/573